学校管理

（第2版）

XUEXIAO GUANLI

范禄燕　林秀钦　编

国家开放大学出版社·北京

图书在版编目（CIP）数据

学校管理／范禄燕，林秀钦编. —2 版. —北京：国家开放大学出版社，2022.1 (2025.5重印)

ISBN 978－7－304－11101－4

Ⅰ.①学… Ⅱ.①范… ②林… Ⅲ.①学校管理－开放教育－教材 Ⅳ.①G47

中国版本图书馆 CIP 数据核字（2021）第 257216 号

学校管理（第 2 版）

XUEXIAO GUANLI

范禄燕　林秀钦　编

出版·发行：国家开放大学出版社

电话：营销中心 010－68180820　　总编室 010－68182524

网址：http：//www. crtvup. com. cn

地址：北京市海淀区西四环中路 45 号　　**邮编**：100039

经销：新华书店北京发行所

策划编辑：陈　蕊　　**版式设计**：何智杰

责任编辑：杜建伟　　**责任校对**：张　娜

责任印制：陈　晨　马　严

印刷：河北盛世彩捷印刷有限公司

版本：2022 年 1 月第 2 版　　2025 年 5 月第 6 次印刷

开本：787mm×1092mm　1/16　　**印张**：13. 75　**字数**：242 千字

书号：ISBN 978－7－304－11101－4

定价：22. 00 元

（如有缺页或倒装，本社负责退换）

意见及建议：OUCP_KFJY@ ouchn. edu. cn

序言

国家开放大学组织编写的《学校管理》教材，主要是对我国学校管理研究的历史经验进行总结，反映学校管理研究的最新成果，帮助基层一线教师做好案例学习。

我国现代教育管理的研究，大约有一百年的历史，其路程是曲折的。清朝末年，随着现代学堂的兴办，教育行政官员、堂长（相当于小学校长）、监督（相当于中学校长）和师范学堂的师生，开始学习和研究"教授法"和"管理法"，并编译出版了《教育学》《学校管理法》《教育行政法》《学校卫生学》《师范讲义》《学务报》《教育丛书》等一批著作和刊物，这标志着我国现代教育管理研究的兴起。它与西方国家教育管理研究的兴起，在时间上大体是同步的。

20 世纪 20 年代以后，清末民初派遣的出国考察人员和留学生陆续回国。其中，一部分人深入农村进行教育实验和改革，另一部分人到大学任教进行理论研究，这两部分人的结合一度使我国的教育管理研究相当繁荣。20 世纪 30 年代至 40 年代，我国先后出版教育管理方面的著作 200 多部，各大学的教育系和中等师范学校也都普遍开设了教育管理类课程，教育管理研究和实验达到了较高水平。

从中华人民共和国成立至 1965 年，我国教育管理实践有了很大发展，积累了十分丰富的教育管理经验，这本来可使我国教育管理理论有机会得到进一步发展。但是，在这段时期，我国教育管理理论的发展遇到了一些挫折：首先，我国盲目地学习苏联模式，全部停开教育管理类课程；其次，受到"左"的思潮影响，我国对包括教育管理在内的许多学科进行了错误的批判；最后，由于长期闭关自守，我国教育界对国外的教育动态了解甚少。正是基于以上原因，我国教育管理的研究长期受到冷落，跌入低谷。"文化大革命"期间，不仅教育管理研究停滞不前，就连教育管理的实体——学校也遭到破坏。

1978 年以后，我国教育管理研究重新起步，从总结中华人民共和国成立到 1965 年这十多年教育管理实践经验开始。"文化大革命"结束后，在"拨乱反正"的过程中，学校逐步恢复正常的教学秩序，一些老校长复职，大批年轻教师被提拔为校长。用什么思想指导办学、用什么方法管理学校，是当时教育行政干部和校长亟须解决的问题。教育管理的实践呼唤教育管理理论的建立。北京教育行政学院学校管理教研室基于这一迫切需求，着手编写培训中小学校长的学校管理教材，本人和另外几名中年教师承担了这一光荣任务。由于历史原因，这些中年教师本身没有系统地学习过教育管理理论，而且当时国家还未完全实现对外开放，很难找到国外与此相关的参考书籍，唯一的办法就是总结老校长的经验。1977 年，北京教育行政学院组织了北京市经验丰富的 36 名老校长，举办研究班（本人担任该班辅导员），对已有的学校管理实践经验进行反复深入的研讨，采用理论和实际工作相结合的方法，通过近四年的努力，于 1981 年编成《学校管理》一书，由教育科学出版社出版，这是中华人民共和国成立后第一部公开出版的学校管理专著。教育管理实践是滋养教育管理理论的“沃土”，在教育管理实践中，理论工作与实际工作要紧密结合，这就是 1949 年以后的第一本学校管理教材的形成过程和基本经验。至今为止，这本教材已出版三十多年，在这三十多年里，我国的教育管理理论已有很大发展，这本教材中的许多内容虽然已经陈旧，但作为历史经验，其编写过程和基本思路，仍然给教育管理研究带来深远的启发。同时期编写和出版的教育管理论著还有萧宗六主编的《学校管理学》、太原市教育学院编写的《中学管理》等，它们的共同特点是从我国实际出发，总结教育管理的经验和教训，力求科学概括，形成教材体系。这就是我国教育管理理论研究重新起步后的第一代教育管理教材。

此后，还有学者认真研究和吸取了外国企业管理的理论，并加以改造，将之运用到教育管理领域，形成了另一类教育管理理论框架和体系。其代表作有陈孝彬的《教育管理学》，齐亮祖的《普通学校管理学》，安文铸的《现代教育管理学引论》，李诚忠、王序荪的《教育控制论》等，我将这方面的教材归入我国教育管理理论研究重新起步后的第二代教育管理教材。

以上第一代、第二代教育管理教材的研究，对我国教育管理理论的发展都做出了重大贡献，但也各有其需要完善的地方。经验上升为理论，需要经过艰苦的研究、总结、概括的工作过程；而理论的移植，则需要处理一般管理的共性与教育管理的特性之间的关系，这并非易事。

20 世纪 80 年代，我国大部分学者在反思以上两代教育管理教材编写思路的基础上，力求将外国的管理理论与我国的教育管理实践经验相结合，编写新的教材。这类教材先后出版了一两百部。我把这些中外合流、土洋结合的教材，归为我国教育管理理论重新起步后的第三代教育管理教材，代表作有北京教育行政学院编写的《学校管理学》、张济正主编的《学校管理学导论》等。另外，1983 年北京教育行政学院首开教育管理专业，普通高等学校和教育学院以及中等师范学校，相继恢复教育管理类课程；1983 年全国性的教育管理学术团体——中国教育学会教育管理研究会（后改名为中国教育学会教育管理分会）成立，形成了一支由研究人员、教学人员和中小学校长三者结合的研究队伍；1987 年北京教育学院创办《中小学管理》期刊，该期刊成为宣传教育管理思想和教育管理实践经验、促进教育管理学术繁荣的主要阵地。这些形成了我国教育管理研究的高潮，有人称此为我国的“教育管理科学运动”。

目前，教育管理论研究和实践经验都有明显的变化和发展，一些学者已经编写或正在编写能反映教育管理发展变化的新教材，也就是我国教育管理理论研究重新起步后的第四代教育管理教材。

此次国家开放大学组织编写的《学校管理》教材具有以下特色。

第一，它反映了国家治理的基本方略。我国已经确立“依法治国”的方略，依法管理学校是学校执行这一方略的核心。学校要以《中华人民共和国宪法》和《中华人民共和国教育法》为依据，确立法治思维，树立依法行政、依法治校的意识；加强章程制度建设，使学校管理有法可依、有章可循；依法规范教育行政和学校管理行为，尊重教育教学规律，淡化行政干预，加强群众监督，实现真正的校长负责制和学校的民主管理；运用法治思维和法治方式推进学校管理的综合改革，以法治方式解决学校管理的热点和难点问题，满足群众对教育的公平期待和师生对管理的民主要求。

第二，它反映了我国改革开放以来教育和学校管理改革的基本经验。三十多年基础教育改革的实践经验是十分丰富的。这期间全国性的改革有“素质教育运动”和“新课程改革运动”，这些运动可谓轰轰烈烈。有影响的教育实验有“新教育实验”“新基础教育实验”“自主性教育实验”“中小学学生自我教育和自我管理实验”等，还有“快乐教育”“成功教育”“主体性教育”等小型实验。这些教育实验的共同特点是力求以人为本，发挥学生的主体性，发挥人的潜能。这些改革和实验，都以人的自我意识发展为基础，其理论依据是自我教育理论和自我管理理论。如今我们要编写新一代教材，要渗透校本管理和自我管理的理念；要强调师生在阳光心态下接受和参与自己喜欢的教育和管理。

第三，它反映了当前世界教育管理理论研究的发展趋势。当前世界教育管理理论研究的发展趋势是什么？我经过多年对国内外教育进行考察、研究，得出的结论是两个字：融合。所谓融合，即各国先进理念和成功经验的整合，两者相互借鉴、相互补充、相互渗透，以及全球化与本土化的统一、共性与个性的结合。有人把这种现象称为融合，有人称为融通，也有人称其为整合，还有人从东西方文化发展的角度分析，把它称为“东西合璧”。这些提法虽然有区别，但其精神是一致的，大体包括以下三层含义：第一，世界各国的教育和管理均有其优势，却也都各自存在缺陷，没有绝对好的教育和管理，也没有绝对差的教育和管理；第二，将外国教育和管理的先进理念、成功经验与本国教育和管理的优势相整合，形成新的理念和做法；第三，教育改革要以发扬本民族教育和管理的优良传统为基础，教育全球化要以民族化为基础，离开民族化，就不存在真正的全球化。

在融合的大趋势下，21 世纪初的教育管理理论的确有了新的发展。这种发展体现了现代教育管理理论与后现代教育管理理论的融合。

在科学管理的对象方面，过去人们认为管理的依据是科学，研究管理的目的是揭示管理规律，并严格按照规律所确立的原则进行管理。现在人们通过融合各派的管理思想，认为管理不仅要依据科学，而且要讲究艺术，要提倡管理艺术的创造性。有的校长还提出，学校管理是一种技术，对校长和教师要重视管理技术方面的培训。

在管理的目标取向方面，过去人们认为管理的对象是组织，而组织具有共同的目标，管理就是为实现共同目标而奋斗。现在人们融合各派的管理思想，认为组织要有共同的目标，但组织的共同目标往往反映一种理想的追求，带有口号激励的色彩，难以具体操作。而个体的目标，是千差万别的、生动具体的、易于操作的，管理应定位于协调组织目标与个体目标之间的关系。

在管理的组织结构方面，过去人们强调严格的层级划分式、宝塔式的结构，以及按照层级原理进行管理。现在人们按照社会信息化的要求，主张组织结构扁平化，强调岗位间的协作和人员的一专多能，目的在于加速信息的传输和人员的流动，提高管理效率。这种管理思想也被称为“企业重构”或“组织重建”。有人说，“组织重建”的思想，是继泰勒的科学管理、戴明的质量管理之后西方管理思想发展的第三个里程碑，可见其重要性。其理论的基点是在质量管理的前提下，重新强调管理的效率。

在管理决策的过程方面，过去人们认为决策要严格按规律办事，决策过程是纯中立的理性过程，不允许带有任何主观偏向。现在人们融合各派的管理思想，认为管理过程是科学规律和价值观共同发挥作用的过程，而不是纯中立的过程。管理过程与决策者所处的特定环境下的压力、从众心理有关，还要受原有经验、价值观、文化背景、既得利益等非理性因素的影响。在某些场合，决策往往是不同利益群体较量的结果。

在管理的程序上，西方过去一贯宣扬“民主化”，甚至教师对学生进行个别思想工作，也被认为是侵犯学生的人权。这样做的结果是学校纪律涣散，甚至发展成课堂暴力，一发不可收拾。近年来，西方开始吸取东方的群体意识，认为民主不是绝对的，它往往会与权力决策产生矛盾，因此民主决策要与领导决策相结合。近年来，在美国的学校管理中，为了整顿纪律，他们要求师生接受三个基本原则，即国家利益受到侵害时，要限制个人自由；学校公共利益受到侵害时，要限制个人自由；课堂纪律受到破坏时，要限制个人自由。这些变化反映了西方管理思想的新发展。

在管理的研究方面，过去运用最广的是思辨研究和实证研究，现在人们融合以上两种研究的优势，提出实地研究的方式，推动了理论与实践在新基础上的统一。

因此，新修订的《学校管理》教材，更加渗透融合的思想，强调校本管理，发挥人的主体作用，激发人的积极性，重视自我教育和自我管理。学校管理主要是人的管理，人可以接受别人的管理，可以在组织中相互管理，也可以进行自我管理。在三个层次的管理中，如果能实现第三层次的管理，那么学校管理就能进入更高的境界。现在的教材很少能够全面阐述第三层次的管理，而我们如果能在这方面有所作为，那么我们的教材一定比其他教材更具特色。同时，我们教材的使用对象主要是一线教师，教师是学校面对学生最直接的管理者。在教学和班级管理中，他们要激励学生进行自我教育和自我管理，在自身的专业化道路上，更需要自我认识、自我规划、自我调控、自我反思、自我激励、自我总结、自我超越、自我修养等，这些都是教师学习本教材需要获得的知识和能力。实验证明，学生和教师甚至校长，人人都需要自我教育和自我管理，学生的进步往往得益于教师和校长的自我教育和自我管理。

突出案例学习的学校管理教材尚不多见。本教材较好地针对现实需要，将主要学习内容集中在七个主题，配合情境案例的启示，形成强调学生自主学习并富有特色的教学模式。目前，基于网络平台的开放大学的教学，突出以自学为主，课程组意欲探索案例学习方式下的网络教学创新。因此，相应地，文字教材的内容需要不断地加以精练，学生熟悉的内容可少写或不写，学生不懂或想不到的内容要多写，以达到启发学生独立思考的目的，同时要给学生发挥创造性解决实际问题的能力留一定空间。每章要配有教学参考案例，提供案例资料精选，教学中的案例分析示范具有一定的启发性，情境案例可营造良好的学习氛围。作为非专业管理人员的专科学生使用的教材，考虑增强现实感受应优先于追求理论结构的完整，学生学习收获上也不可能面面俱到。总之，广大一线教学的教师，能够学好、用好这本书，就能理解学校管理的基本内容，增强学校常规管理的直观感受，建立学校管理发展的实践条件，大大提升学校依法治校的水平。只要广大基层学校的管理实践迅速成熟起来，我国理想的学校管理研究成果才会源源不断地产生，这种持续发展的过程，也一定会最终体现在学校管理学科教材方面。积累是一个必要的过程，需要教、学双方持续不断地努力。

贺乐凡

2015 年 12 月 28 日

第 2 版前言

《学校管理》第 1 版出版距今已有五年。其间，学校管理的相关理论、实践取得了不少新的发展，一些法令条文也有了新的修订。党的十九大、十九届五中全会和全国教育大会明确我国要建设高质量教育体系，加快建设教育强国，办好人民满意的教育。在这一进程中，学校管理扮演着重要角色。依法治教、依法办学、依法管理，完善现代学校管理制度，深化新时代教师队伍建设改革，新时期强化学校教育主阵地作用等，都需要落实到学校管理的层面。

本次修订重点是对第二章现代学校制度的理念与实践、第四章学生管理、第五章教师管理、第七章学校管理与信息技术进行了丰富与更新。具体内容包括：对我国现代学校制度的产生过程和基本内涵重新进行了梳理，使之逻辑上更为清晰；更新了学生管理工作的新规定和相关案例；增加了教师管理的基本内容、教师的资格与聘用，使教师管理的内容更为完整；更新了学校管理信息化的内容与案例，增加了智慧校园的建设内容，力图反映当前学校管理信息化的现状与特征；同时对书中其他章节的一些案例进行了更新，对相关法令条文进行了确认与更新。

范禄燕　林秀钦

2021 年 9 月 28 日

第 1 版前言

“学校管理”作为一门教育管理学科课程，以教育管理学和学校管理实践工作为依据，揭示学校管理的一般规律，并为中小学校管理实践提供理论和方法指导。“学校管理”是教育管理专业非常重要的一门基础必修课。

自从有了学校，就有了学校管理的现象和实践经验的积累。在这个过程中，学校管理借由自身实践发展、外来管理理论以及各种主义思潮的推进，经历了经验管理模式、科学管理模式、人本管理模式的发展，形成了一个具有丰富内涵和实践经验的学科。直到今天，伴随着新的教育变革与创新，人们仍然在探求学校管理的最佳实践，并期望通过有效的学校管理，促进对人才的培养。

学校管理的相关理论和案例非常多。作为专科教材，本书共设了七章内容，第一章“学校管理概论”，带领学习者初步认识学校管理的概念、相关内容、理念与模式、原则和发展趋势；第二章“现代学校制度的理念与实践”则依托案例对现代学校制度进行了详细的解读；第三章“课程与教学管理”、第四章“学生管理”、第五章“教师管理”分别探讨学校管理核心的、常规的管理工作实践，使学习者了解这些常规管理工作的重要问题、基本规范以及制度建设；第六章“学校文化建设”从文化建设的角度，讨论如何提升学校文化，更好地发挥文化在学校管理中的影响力；第七章“学校管理与信息技术”从信息化角度，讨论如何通过信息化手段优化学校管理。

为使学习者能够更好地理解相关知识、促进其对问题的学习，本书采用了更加符合学习需要的体例，如每章篇头加入“学习目标”“导学材料”“本章内容导图”以加强导学、激发学习兴趣。为加强理论与实践的联系，正文穿插了大量的、覆盖各种学校类型的案例，构成教材的一个鲜明特色。此外，本教材在重点、难点地方，还设有“拓展阅读”“学习活动”等，使教材更具指导性。

参加本书编写的有：北京景山学校范禄燕校长（本书主编、第三章、第四章），国家教育行政学院包金玲副教授（第二章）、国家开放大学林秀钦副教授（第一章、第五章、第七章）、国家开放大学李莹教授（第五章）、北京景山学校袁立新老师（第六章）。本书教学设计由国家开放大学林秀钦、邹竣共同完成。全书由范禄燕、林秀钦统稿，北京教育学院钟祖荣院长、教育管理系系主任胡荣堃博士修改了书稿。北京顺义校长研修中心刘艳茹教授为本书第五章收集与整理资料，北京市西城区教育研修学院特级教师王建宗为第四章收集与整理资料，国家开放大学李松、张退、贾玉超等为本书的审校都付出了很多努力。本书在编写过程中，中央广播电视大学出版社安薇副编审在教材体例设计和内容方面提出了许多宝贵的建议。北京师范大学刘淑兰教授、朱志勇教授等为本书的大纲拟定和完稿提供了许多宝贵的建议。在此一并表示感谢。

由于编者能力有限，其中难免存在错误与疏漏，恳请广大教师批评指正。

编者

2016 年 4 月

目 录

第一章

学校管理概论

学习目标

1. 了解学校管理的概念与相关内容。

2. 能够列出学校管理的三种模式：经验管理模式、科学管理模式、人本管理模式的主要特点。

3. 能够举例说明学校管理的原则。

4. 能够说出现代学校管理的发展趋势。

导学材料

世界著名的哈佛大学荣誉校长陆登庭在谈论哈佛大学办学经验时说："哈佛大学的成功主要是形成了一种明确的办学理念、一套系统的制度和机制，所以即使现在没有校长，哈佛大学也可以正常运转。"

曾任中国人民大学附属中学校长的刘彭芝在介绍自己的办学经验时谈道："校长进行体制改革和创新的根本目的不是约束人，而是激励人，是最大程度地调动人的主动性、能动性、积极性和创造性。"

【问题思考】

阅读以上两位校长的观点，你认为学校管理的核心工作有哪些？学校管理追求的目标是什么？

本章内容导图

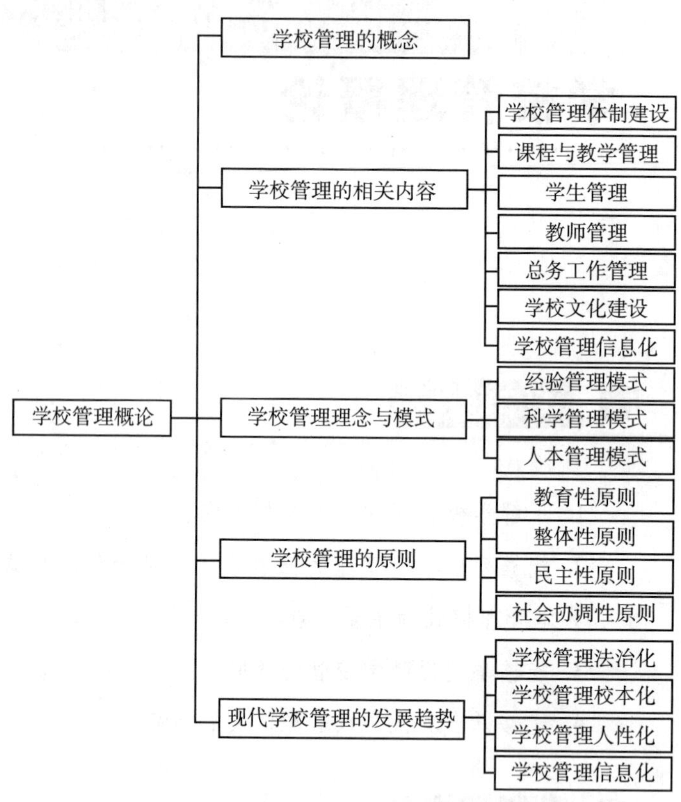

你理想中的学校是什么样子的？一般说起好学校，人们脑子里就会产生这样一幅画面：强有力的管理者、高素质的教师团体、优秀的学生，以及一个安全且和谐美好的环境。这样的学校，人人向往。对于校长们来说，建设和管理好一所学校是他们的职业理想。自从学校诞生，人们就一直在探索如何管理学校。在此期间，产生了不少学校管理理论、模式和方法，如经验管理模式、科学管理模式、人本管理模式等。每种模式所持观点各不相同，在实践中也遇到了各种问题，但它们在特定的时期对学校管理都起到了推动作用，引导学校管理逐步走向系统化、科学化、人性化。在对本书的学习中，我们先来初步认识学校管理的概念、相关内容、理念与模式、原则和现代学校管理的发展趋势。在学习过程中，希望你思考并询问自己更喜欢哪一种学校管理模式及其原因是什么。

一、学校管理的概念

张济正教授认为，学校管理是学校管理者通过一定的机构和制度，采用一定的手段和措施，带领和引导师生，充分利用校内外的资源和条件，整体优化学校教育工作，有效实现学校工作目标的组织活动。[①]

学校管理是介于教育科学体系和管理科学体系之间的交叉领域。它需要遵循管理学的一般规律，同时又与物质生产领域的管理活动不同。学校管理的特殊性主要表现在两方面：一方面，它是以“育人”为目的的、人性化的教育管理活动，要受教育规律的制约；另一方面，它是一项社会公共事业，不能像企业管理那样以最小的成本获取最大的利润为基本准则，而是以维护和推进公共利益为基本准则。让学生获得健康全面的发展，是学校管理一切工作的中心。“教育性是学校管理的始点与旨归。”[②] 建立高效的组织管理系统，是学校管理要实现的直接目标。

二、学校管理的相关内容

上面我们谈到了学校管理的目标是通过有效的管理实现更好的育人目标。那么，这就需要解决更多的问题，即谁来管？管什么？怎么管？这也是“学校管理”这门课程要解决的核心问题。学校管理的要素包括学校管理者、管理对象、管理手段。学校管理者不仅包括以书记、校长为首的学校行政领导，还包括教师和学生。学校的管理对象是学校的人、财、物等资源。学校管理手段主要指学校的组织制度和规章制度。这些要素之间的相互作用就构成了学校管理研究的主要内容。

---

① 张济正，吴秀娟，陈子良．学校管理学导论［M］．2 版．上海：华东师范大学出版社，2000：22.

② 刘丙元．教育性：学校管理的始点与旨归［J］．教育发展研究，2007（18）：1 –4.

（一）学校管理体制建设

学校管理体制分为国家宏观的管理体制和学校内部管理体制。国家宏观的管理体制即教育行政体制，是各级教育管理部门与学校之间关系规范的总体规定。学校内部管理体制是学校内部设立的主要管理机构及其职能的总称。学校内部管理体制在学校发展与管理中居于至关重要的位置。

我国当前实行的是中央统一领导、分级管理的教育行政体制。1985 年我国倡议校长负责制，1993 年中共中央、国务院印发《中国教育改革和发展纲要》要求全面实施校长负责制，确立了现代学校管理制度。校长负责制，即将学校管理的权力和责任下放给学校，学校拥有较高的办学自主权，享有对财政、人力、物力等资源的支配权，校长全面负责学校管理、教职工民主管理，上级教育行政部门对学校只是起宏观指导和监督的作用。

在中小学校长负责制中，校长是学校管理的最高负责人，全面负责学校的教育、教学和行政工作，是学校的法定代表人。为进一步坚持和加强党对中小学校的全面领导，我国陆续探索中小学校党组织领导下的校长负责制，要在中小学建立健全党组织领导下的校长负责制。国家举办的高等学校实行党委领导下的校长负责制。党委领导下的校长负责制是中国特色现代大学制度的核心内容。高校党委对学校工作实行全面领导，承担管党治党、办学治校的主体责任。党委书记主持党委全面工作，对党委工作负主要责任，校长和其他行政领导班子成员要自觉接受党委领导，贯彻执行党委决定。要贯彻民主集中制，重大事项要由党委集体研究决定。即党委集体是学校的决策者，校长全面负责学校的日常行政管理。各级各类学校，包括社会力量举办的民办学校，都要坚持和加强党的领导的组织体系、制度体系、工作机制，校长作为行政负责人在全面负责学校管理工作中自觉接受党委领导。

在校长负责制的框架下，为调动广大教职工的工作积极性，防止学校管理中的随意性和独断专行，《中华人民共和国教育法》（以下简称《教育法》）还规定学校设立以教师为主体的教职工代表大会，保障教职工参与民主管理与监督。这也是学校内部管理体制的重要组成部分。

（二）课程与教学管理

课程与教学管理，可以说是学校管理的中心工作。课程与教学管理的目标是提高教学工作的质量，培养与学校目标相一致的人才。其主要工作包括：①确立正确的教育教学思想。②建立学校教学计划体系，包括学校教学工作计划、教研组工作计划和各学科教学计划。③实施教学过程的科学管理，包括备课管理、课堂教学管理、考核评价管理、质量控制管理、开展校本教研等。④健全教学规章制度，维护良好的教学秩序。

（三）学生管理

学生管理是学校管理系统的一个重要组成部分，是落实立德树人根本任务的重要落脚点。学校是培养人的场所，学生是学校一切工作的中心。学生管理的目标是育人，是促进学生身心的全面发展，即不仅要帮助学生获得丰富的知识，还要帮助他们拥有健康的体魄和心理、健全的人格和道德情操。党的十八大以来，德育为先、能力为重、全面发展的教育理念得到普遍认同，这也是学生管理工作的基本指导思想。学生管理涉及学生的生活及学习的方方面面，具体来说包括：①根据不同年龄段学生的发展阶段特点，有目的地计划、组织和协调学生的各种活动，在培养集体意识的同时充分挖掘学生的兴趣，鼓励学生的个性发展。②建立规范的学生管理制度，使学校各项工作有可以参照的标准和制度，使学生知道他们的行为界限，养成良好的行为习惯，形成良好的学风。③建立一定的援助性组织和机制，帮助学生学会面对成长过程中的烦恼和困难。学生管理工作重在“疏导”，而非“堵截”。

学生的管理者包括学校管理人员、教师、主办人、少先队辅导员等。作为管理者，要以发展的眼光对待学生，要鼓励学生的个性发展。学生管理的方法有班级管理法、自我管理法（如社群组织）、行政管理法、制度管理法、文化管理法等。相应地，学生管理的主要工作涉及班级管理、学校社群组织管理、学生规范建立、校园文化建立等。在学生管理工作中，良好校园文化的建立与规范的管理制度具有同等重要的作用。

（四）教师管理

教师是完成教育教学任务的主要劳动者，承担着教书育人的职责。因此，教师队伍的建设与管理，是学校管理的核心内容，甚至有人认为教师管理是学校管理中最重要的环节。教师管理的目标是要合理地安排使用教师，有效执行教师管理职能，建设一支师德高尚、业务精湛、结构合理、充满活力的高素质专业化教师队伍。

对学校来说，教师管理工作是一项十分复杂、需要常抓不懈的工作，具体内容包括：聘用管理、评价管理、晋升管理、休假管理、薪酬管理、学术管理等。

教师管理的核心不是“管”和“评”，而是如何调动教师工作的积极性、主动性和创造性，创造尊师的环境和气氛，帮助教师树立主人翁意识。对教师的管理，需在了解教师的劳动特点与需求以及统筹环境影响、机制引导与约束、利益驱动等各种因素的基础上开展。教师管理对学校管理者充满了挑战，因此很多人认为教师管理不仅需要方法，还需要管理艺术。

当前我国把师德师风作为评价教师队伍素质的第一标准，教师管理工作要遵循教育规律、教师成长发展规律和师德师风建设规律，将师德师风建设要求贯穿教师管理全过程，注重高位引领与底线要求相结合、严管与厚爱并重，不断激发教师的内生动力。

（五）总务工作管理

学校的总务工作是保证学校正常运行的“大后方”工作。其主要包括：对学校硬件、软件设施的建设与管理，为学校教育、教学创设良好的教育环境，使师生能够安心工作、学习；建立、健全安全保卫制度，做好安全保卫工作，维护师生的安全及保护好学校财产；负责对外宣传和联络工作。

（六）学校文化建设

学校文化体现了一所学校崇尚的价值理念，包括育人理念、教育理念、崇尚的文化和价值观等。相对于学校的规章制度来说，学校文化表现出来的是软性的、隐性的、渗透性的影响。无论是教师还是学生，都会受到学校整体性、深层性的文化影响，尤其是对学习风气、品德品行方面的熏陶和养成，学校文化是非常有效力的。成功的学校一般也以它的文化而著称。学校文化建设是提升学校品质的重要抓手。一所学校建立了怎样的文化，在某种意义上就决定了这所学校将具有怎样的基本品质。因此，加强学校文化建设不仅是学校管理工作的重要任务，而且是较有难度的长期任务。

（七）学校管理信息化

信息化既是教育现代化的重要推手，也是衡量教育现代化程度的重要指标。随着新技术的发展和国家教育信息化战略的推进，当前信息技术在学校管理上的应用范围越来越广、越来越深入。不少学校尤其是条件较好地区的学校，逐步开启了信息化校园的建设进程。信息化是学校的一项系统化工程，其对学校产生的影响也是系统化的，既会影响学校管理、教学以及师生的交流方式，又会影响隐性的学校文化。信息技术作为管理工具，是整合资源、共享信息、提高学校管理效率的有效途径；更重要的是，它作为教学改革的推动器，契合个性化教育的趋势和需要，为实现个性化教育、突破教育的时空界限提供了技术和平台，让学生的自由选课、网上自主探究学习、智能辅导、个人成长数据记录都成为现实。这也是各个国家特别重视教育信息化的重要原因，是学校将信息化视为学校发展契机的重要原因。

需要说明的是，学校管理工作除了上述内容外，还有学校战略管理、危机管理等。由于篇幅限制，本教材主要对以上七项学校管理工作进行阐述。至于未能涉及的领域，请教师根据教学需要为学生选择相关的阅读材料作为补充。

三、学校管理理念与模式

我们在做一件事之前，尤其是刚踏入某个领域，都会习惯去寻找可以参考的实践模式。模式代表着一套成熟的理念和操作方法，是经历了较长时间实践考验的先人智慧的结晶，可以让人们不必从头开始摸索，而直接遵循使用。学校管理也不例外，也有模式可以遵循，不同模式的流行和更迭反映了不同时期人们管理思想和学校管理需求的变化。本部分内容将介绍经验管理模式、科学管理模式、人本管理模式。

在学习本节内容时，请思考以下问题：为什么有的学校采用了公认的科学管理方法，却产生重重矛盾？为什么有的学校采用了以人为本的管理方法，其效果却不尽如人意？而有的学校采取无为而治，学校运作却井然有序？你倾向于哪种学校管理模式？

（一）经验管理模式

经验管理模式，就是指以管理者个体或群体的经验作为管理行为的依据的管理模式。在早期，学校管理没有模式可以遵循，管理者只能靠经验摸索。从古代学校的产生，到 19 世纪中期出现专门的教育管理机构，教育管理基本上处于经验管理阶段。经验管理的基本模式可以用以下公式表示：绩效 = 经验 × 知识 × 能力。管理者把自己的个人经验作为决策和判断的依据，办学水平实际就代表了管理者的经验水平，办学时间越长，经验越丰富，管理就越得心应手。

经验管理模式的特点是重经验、重传统，注重实践经验的积累，缺少理论假设和科学研究，管理手段行政化。

经验管理模式的优点主要体现在它的灵活性上。教育管理的对象是复杂多样、不断变化的，需要进行灵活处理。在经验管理模式下，管理者可以根据个人经验灵活办学，有利于发挥管理的艺术性。有经验的管理者也更加具有号召力、权威性，令行禁止，有利于工作的顺利开展。

经验管理模式的缺点主要体现在：①缺乏理性的、深层次的思考。停留在经验认识的层次，没有上升到理性的高度进行深入的分析。遇到问题只告诉人们应当怎么做、不应当怎么做，而无法解释原因。这就使管理者在管理的过程中，很难了解深层的原因，经验也很难大范围地推广。②过于依赖管理者个人的经验与学识。管理者的经验较为缺乏，将会影响整个办学水平，而且个人的领导绩效存在一个“高原区”。③当教育处于稳定状态时，经验管理模式较为有效；当教育处于剧烈变革时，经验管理模式就会遇到困难。

（二）科学管理模式

科学管理模式产生于19世纪末20世纪初。科学管理模式是以科学的理论假设为出发点，把调查统计、测量试验、实验等科学研究方法所获得的结论，作为管理行为选择依据的一种管理模式。它主张一切管理行为和管理措施应以反映教育规律和管理规律的科学理论为指导，以现代科学技术为手段，将学校活动进行量化和标准化（比如每名教师应该教多少节课，每个班应该有多少名学生），其目的在于提高学校管理活动的效率。例如，有些国家的教育部门把社会学家、心理学家、教育学家请到学校，从科学研究的角度研究学生的社会化问题，研究社会对学校教育的影响，研究学生心理发展的规律和存在的问题，并探讨教育本身的规律，为教育管理者提供学校管理的办法。用科学的理论和手段来研究教育管理，就是科学管理的开始。

科学管理模式的优点主要体现在：①科学管理强调管理的模式化、标准化，能有效地排除人为因素的干扰，提高管理的科学性和效率，这种管理模式最大的贡献在于其理性精神和效率意识。②推动人们研究学校管理问题。③重视对学校教育工作的评价和测量。

科学管理模式的缺点主要体现在：过度理性分析、过度强调标准化，忽略人的主观能动性，忽视对非理性因素的分析和处理，可能导致决策失效。例如，人的情感、兴趣、灵感、直觉、工作技能、工作习惯、意志努力、偶然的机会……这些是无法用数理逻辑的方法来处理的，是无法完全量化计算的，而这些又是学校管理中大量存在并有重要影响的非理性因素。在运用科学技术分析的过程中，可能会丢失以上重要信息，进而影响结论，导致最终的决策无法解决存在的问题。

（三）人本管理模式

正是出于对科学管理模式过于讲究标准化而忽视人的主观能动性的批判，文化管理理论提出了以人为本的管理模式。1982年，提出人本管理理论的美国管理学者彼得斯（Peters）和沃特曼（Waterman）指出，“人不是纯理性的，其感情因素不容忽视；管理不仅要靠逻辑和推理，还要靠直觉和热情；理性化的解析手段和技术方法有一定作用，但不能迷信和滥用。”人本管理理论强调以人为本、以价值观塑造为核心，试图实现物质与精神、理性与价值、个人与整体在企业管理中的融合与统一，是应知识经济时代要求而产生的一种现代管理理念，反映了当代社会人们对自身价值的认识和社会地位的提升。它一方面重视以制度化、理性化为基础；另一方面特别强调共同的价值观、和谐的人际关系、卓越的团队精神、高超的管理艺术以及精神的激励方式等。

学校人本管理是人本原理在学校管理中的运用，是以关心人、尊重人、激励人、发展人为根本指导思想进行的学校管理，主张以人为中心，充分发挥人的积极性，实现学生、教师以及学校的整体发展。严格来说，人本管理是一种管理思想，并非一种具体的管理模式，它将人本思想贯穿于管理活动的各个环节和各个层次，提倡管理者与教师之间形成“文化力”，以此来开展学校管理。校长素质的提升与自我发展是学校实现人本管理的关键，构建优秀的学校文化是学校发展的环境保证。

学习活动

通过以上三种模式的学习，请分享你倾向于选择的学校管理模式。

你喜欢的学校管理模式	理由陈述	如何解决该模式可能遇到的问题

四、学校管理的原则

学校管理所依据的规则，除了国家有关教育管理的法规，以及教育行政管理机关发布的命令、通知、规则等外，还需要遵循一些原则。这些原则也是现代化学校管理思想的体现。

（一）教育性原则

“十年育树，百年育人”，育人从来就是个“慢工出细活”的过程，急功近利只会适得其反。20 世纪 80 年代，美国曾评选“儿童给成人的忠告”，其中有一句就是：“我的手很小，请不要往上面放太多的东西。”学校管理尽管借鉴了管理学的很多理论和做法，但是在姓“管”还是姓“教”的问题上，学校管理毋庸置疑是姓“教”的，是在尊重孩子成长规律的基础上去追求管理的效率。这就是学校管理的教育性原则，把培养全面发展的学生放在一切工作的中心位置，树立以学生为本的教育理念，在此基础上借鉴管理学规律管理学校。

（二）整体性原则

系统管理理论将学校系统看作整个社会的有机组成部分，学校与社会是紧密联系在一起的，政治、经济、文化、习俗等因素都能对学校的基本秩序、正常运行产生影响。同时，学校本身也是一个整体，要以全局性观念看待学校的运行工作，认识学校内部各子系统之间的关系，研究各种不同组合方式所产生的不同效果。运用系统原理管理学校，其中特别重要的是要抓住系统的以下三个特征进行管理运用：①利用系统管理的目的性原理制定学校工作目标；②把握学校系统管理的全局性，抓住学校管理中的关键因素；③掌握学校系统管理的层次性，做到各项工作分工负责、协调合作、和谐发展。

想一想

有人认为：学校管理系统中的财务管理、人事管理、年度考核、质量评价等是学校管理系统中的关键管理因素；学校管理系统中的中层干部、班主任教师、教研组组长是学校管理系统中的关键人物因素。

你是否同意以上观点？为什么？

（三）民主性原则

民主性原则就是学校要实现民主管理，主要指教职工充分行使民主权利并直接参与学校的管理工作。民主管理的核心是民主决策，要“群言堂”，不要“一言堂”。民主管理可以增强全体教职工的主人翁意识，可以提升管理水平，促进学校良好工作氛围的形成。民主管理需要民主的制度和程序保障，包括建立教代会制度、工会制度、学生会制度、家长委员会制度和学校民主管理委员会等。

（四）社会协调性原则

学校是社会系统的一部分，与外部社会环境有着不可分割的联系。如何处理与外部社会环境的关系，利用其中的积极因素，减少或排除不利影响，是学校公共关系管理的内容。在外部社会环境中，对学校产生比较重要、直接影响的主要有上级行政部门、家庭、社区、各类教育性场馆等。学校要注重与这些社会组织积极联系，形成合力，为学校发展创建良好的社会教育环境。

五、现代学校管理的发展趋势

（一）学校管理法治化

依法治校是依法治教的重要组成部分。近年来，我国一直在加强教育法制建设、推进依法治校。我国目前颁布有《教育法》《中华人民共和国义务教育法》（以下简称《义务教育法》）、《中华人民共和国教师法》（以下简称《教师法》）等法律法规，基本形成了中国教育法律法规体系。教育部还发布了关于加强依法治校的若干意见。2003 年 7 月 17 日，教育部发布了《教育部关于加强依法治校工作的若干意见》（教政法〔2003〕3 号），2012 年 11 月 22 日发布的《全面推进依法治校实施纲要》（教政法〔2012〕9 号），对师生在参与学校管理、行使监督权力、实现自我发展等方面的权益给予制度保障，强调积极落实教师、学生的主体地位。

实行依法治校，就是要做到“依法治教、规范管理”，严格按照教育法律的原则与规定，开展教育教学活动。具体来说，就是要在依法理顺政府与学校的关系、落实学校办学自主权的基础上，完善学校各项民主管理制度，不断提高学校管理者、教师的法律素质，实现学校管理与运行的制度化、规范化、程序化，减少管理环节中的“人治”痕迹，同时建立完善的权益救济渠道和纠纷解决机制，依法保障学校、举办者、教师、学生的合法权益，形成教育行政部门依法行政，学校依法自主办学、依法接受监督的格局，构建自由、平等、公正、法治的育人环境。

自《教育部关于加强依法治校工作的若干意见》发布以来，各地教育主管部门和学校普遍重视学校章程和制度建设，加强对校长和教师的法制培训，积极创建依法治校示范学校，探索出不少成功的经验，依法办学和依法管理的意识和能力明显提高。但是，与教育改革发展的新形势、新任务相比，与全面推进依法治国的新要求相比，依法治校还存在较大差距。这主要体现在：①工作进展不平衡，一些地方教育部门和学校对推进依法治校认识还不到位，制度不健全；②一些群众反映强烈的违法办学、违规招生、违规收费等问题在个别地区和学校还不时发生；③教育领域各种矛盾日益突出，学校与学生、教师之间的纠纷呈多发趋势；④学校管理者和教师运用法律手段保护自身权益、依法对学生实施教育与管理的意识和能力还亟待提高，权利救济机制还不健全；⑤政府教育管理职能转变尚未完成，部分教育行政管理人员依法行政的意识和能力还不强。这些问题的存在在一定程度上影响了国家教育方针的贯彻落实，影响了教育科学发展与深化改革的进程。要解决以上问题，必须进一步深化教育改革，加快转变政府职能，全面加快推进依法治校。[①]

从总体上来看，目前我国学校法还没有出台，依法治校的制度和措施还不健全；学校的法治观念和依法管理的意识还比较薄弱，依法治校还没有完全成为学校的自觉行为。尽管如此，来自实践领域的制度创新实践并没有止步，不少学校都在加强普法教育、民主管理、学校章程建设、构建安全风险管理体系等工作。

（二）学校管理校本化

校本管理于20世纪80年代中期在美国兴起，随后在西方发达国家和我国香港等地区掀起改革的潮流。与校长负责制一样，校本管理也是一种将权力下放到学校的管理思想和模式，其核心就是强调教育行政部门给予学校更大的权力和自由，使中小学成为自我管理、自主发展的主体，从而使每所学校具有自由性和灵活性，能够创造性地适应教育目标，尤其是适应学生的需要。校本管理模式的产生反映了西方教育管理哲

① 中华人民共和国教育部．教育部关于印发《全面推进依法治校实施纲要》的通知［EB/OL］．（2012－11－22）［2021－09－15］．http：//www.moe.gov.cn/srcsite/A02/s5913/s5933/201212/t20121203_146831.html.

学从“外控式管理”向“内控式管理”的转变。校本管理和校长负责制不同的地方在于教育管理权力下移的重心不同，校长负责制的权力主要集中在校长手里，有时民主决策成为形式。校本管理的决策者不是个人，而是团体，是由办学团体、校长、教师、家长、校友和独立社会人士组成的学校董事会进行民主决策。因此，校本管理模式下的学校，对外拥有独立的办学自主权，对内拥有高度的民主管理性。

（三）学校管理人性化

学校管理人性化是人本管理模式的主张。随着知识经济时代的来临，人作为知识、智慧的主体变得越来越重要，合理开发人的内在潜能已成为现代管理的重要课题。学校管理人性化也是顺应时代发展要求的趋势。

人性化管理被不少人称为“文化管理”，是在实施规章制度管理的同时，以注重人文关怀、文化建设为重要特征的管理，即更加重视人以及与人相关的价值观、品德规范、团队精神、组织氛围、管理艺术等软要素，把它们放在中心位置，注重以道德和精神引领教职工和学校的发展。与传统管理制度相比，人性化管理是间接的、隐性的、柔性的，当然它也是建立在理性和科学管理的基础上的。

具体来说，人性化管理模式一般会通过建设学校文化、塑造学校共同价值观、建设教职工的精神家园、构建激励机制、转变学校领导自身行为等方式来开展工作。

（四）学校管理信息化

自我国大力推进教育信息化以来，教育管理的信息化获得了显著进步，取得了很多成绩，也积累了一些经验和典型的做法。从学校管理的角度来看，信息技术的应用，可以减少管理上的沟通环节，既可以及时地获取信息，又可以缩短管理层与教师和学生、学校与家长之间的距离，还可以对学生的学习档案数据进行记录和全面分析。信息化已经成为提升学校管理效率和竞争力的因素，而且这个因素越来越重要，甚至带来了学校管理新模式。

通过对本章内容的学习，我们认识到学校管理是一个极其复杂的动态过程，其观念格局应是科学管理、民主管理和文化管理的大融合，但仅仅拥有这些观念还不够，作为管理者，还需要经历周而复始的预设、计划、实践、反思、总结的实践过程。

学习活动

在“百度文库”（wenku. baidu. com）搜索“学校管理学的发展”，选择一篇评分较高的文献进行阅读。

本章小结

学校管理是学校管理者通过一定的机构和制度，采用一定的手段和措施，带领和引导师生，充分利用校内外的资源和条件，整体优化学校教育工作，有效实现学校工作目标的组织活动。

学校管理是介于教育科学体系和管理科学体系之间的交叉领域。它是以育人为目的，具有人性化的教育管理活动，要受教育规律的制约，以维护和推进公共利益为基本准则，可以让学生获得健康全面的发展，是学校管理一切工作的中心。建立高效的组织管理系统，是学校管理要实现的直接目标。

学校管理的相关内容包括：学校管理体制建设、课程与教学管理、学生管理、教师管理、总务工作管理、学校文化建设、学校管理信息化等内容。

学校从产生到现在，其管理模式主要经历了经验管理模式、科学管理模式、人本管理模式的迭代。它们都是先人实践经验的智慧结晶，不同模式的流行和更迭反映了不同时期人们管理思想和学校管理需求的变化。

学校管理的原则包括：教育性原则、整体性原则、民主性原则、社会协调性原则。

从当前来看，现代学校管理呈现出法治化、校本化、人性化、信息化的发展趋势。

思考题

1. 在学校管理工作中，你认为最具挑战的地方在哪儿？
2. 你理想中的学校管理模式是什么？
3. 学校管理应该遵循哪些原则？
4. 简述现代学校管理的发展趋势。

第二章

现代学校制度的理念与实践

学习目标

1. 了解现代学校制度的基本内涵。
2. 理解依法治校的指导思想和总体要求。
3. 掌握现代学校制度的基本特征。

导学材料

2014 年 12 月 15 日，为期一个月的 A 校教职工代表大会（以下简称教代会）闭幕，100 多位教师代表以不记名方式高票通过了《学校章程》，开启了 A 校“依法治校”的新纪元。《学校章程》规定了教师弹劾校长、校长限权、分布式领导、扁平化组织结构等制度，实行分权制、制衡型管理体制。《学校章程》不仅明确规定了校内的治理结构和体制，而且规定了教师弹劾校长和校长退出机制等敏感的人事制度。

【问题思考】

上述 A 校《学校章程》是否体现了现代学校制度的理念内涵，是否更加贴近教育本质？是特例，还是具有普适性价值？在现代学校制度建设中，除了《学校章程》之外，还需要哪些制度建设？

本章内容导图

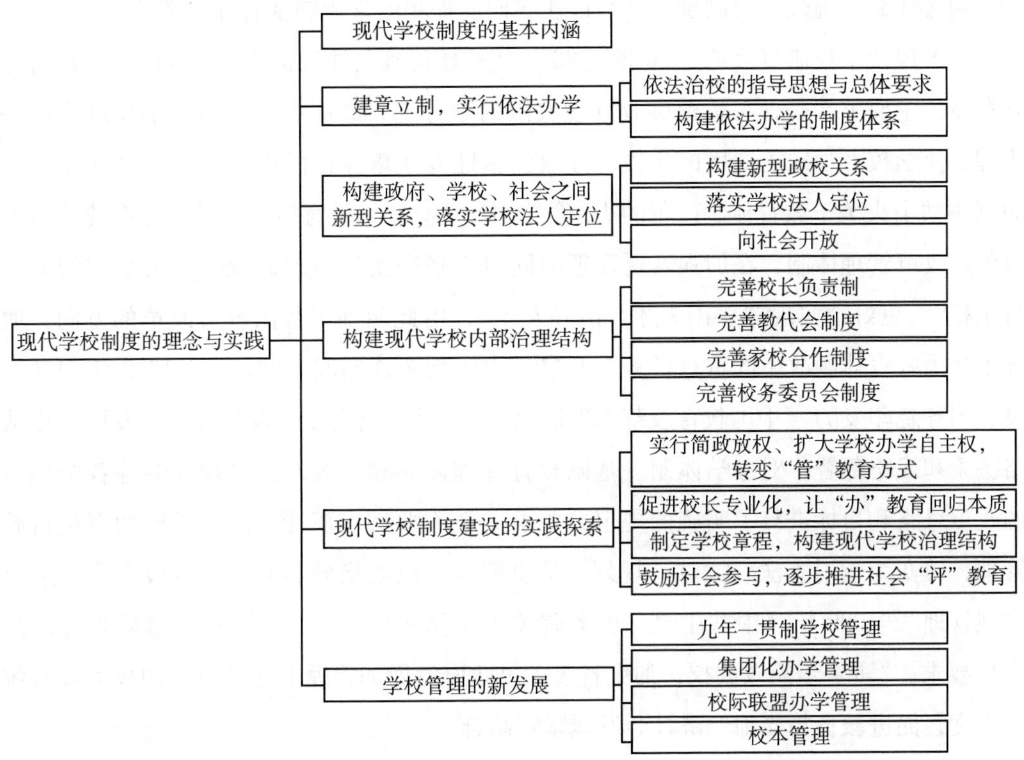

一、现代学校制度的基本内涵

学校作为教育机构具有两项基本管理规则：一是学校自身的组织结构；二是学校制度，即维持学校及其组织正常运转的一整套规章制度。

制度是人们在生活工作中的行为准则，人们依靠制度来约束和衡量自己的行为，“它具有一定的约束力和强制性。”① 制度包括约定俗成的道德观念、法律和法规等。学校制度的形式既包括正式的、系统的、成文的行为规范，也包括非正式的、非系统的、

① 江月孙，赵敏．学校管理学［M］．2 版．广州：广东高等教育出版社，2000：103.

不成文的行为规范。学校内正式的组织有党组织、校务委员会、教代会、家长委员会、学术委员会等；非正式的组织有校内教师团体组织、学科组织、学生社团组织等。这些组织都是依托相应的制度来运行。

到底什么是现代学校制度？它与以往我们所提到的学校制度有什么区别？

我国现代学校制度大约是20世纪80年代开始得到关注和构建的。当时我国教育体制存在的主要弊端是，在教育事业管理权限的划分上，政府有关部门对学校过度统一管理，使学校办学缺乏应用的活力，导致创新性人才培养目标难以实现。1985年颁布的《中共中央关于教育体制改革的决定》指出，“必须从教育体制入手，有系统地进行改革。改革管理体制，在加强宏观管理的同时，坚决实行简政放权，扩大学校的办学自主权”，更好地实现“多出人才、出好人才”，由此明确了我国教育改革的方向，明确了我国教育体制改革的重点任务，开启了中国教育体制改革的篇章。1993年中共中央、国务院印发的《中国教育改革和发展纲要》，对世纪之交的教育改革和发展作出战略决策和战略部署，对办学体制、基础教育管理体制和高等教育管理体制等各个领域的改革思路和目标进行了明确的规定，要求“政府要转变职能，由对学校的直接行政管理，转变为运用立法、拨款、规划、信息服务、政策指导和必要的行政手段，进行宏观管理”。1999年《中共中央　国务院关于深化教育改革，全面推进素质教育的决定》要求，“进一步简政放权，加大省级人民政府发展和管理本地区教育的权力以及统筹力度，促进教育与当地经济社会发展紧密结合。”

2004年教育部发布的《2003—2007年教育振兴行动计划》第34条正式提出“深化学校内部管理体制改革，探索建立现代学校制度”，至此现代学校制度建设成为教育改革的重要工作，各项工作取得了较为显著的成效。此后，我国教育改革多项政策都有对建设现代学校制度的重点关照。特别是2010年《国家中长期教育改革和发展规划纲要（2010—2020年）》（以下简称《教育规划纲要》），确定了深化教育管理体制改革的重点：健全统筹有力、权责明确的教育管理体制，加强省级政府教育统筹，转变政府教育管理职能。《教育规划纲要》明确指出了建设现代学校制度的目标要求和实施路径，包括完善校长负责制，完善校长任职任用办法，完善科学民主决策机制，建立家委会、社区和相关专业人士可参与学校管理和监督等诸多方面。2012年教育部发布了《依法治校——建设现代学校制度实施纲要（征求意见稿）》，进一步落实和深入建设现代学校制度。2019年，在中共中央、国务院印发的《中国教育现代化2035》文件中，鼓励民办学校按照非营利性和营利性两种组织属性开展现代学校制度改革创新。

可以说，现代学校制度是我国教育变革在学校制度层面的反映，在国家政策层面，现代学校制度受到高度重视和大力倡导。去行政化、落实学校的主体办学地位，多出人才、出好人才等，是现代学校制度的核心目标。

那么什么是现代学校制度？现代学校制度的基本内涵是什么？对现代学校制度的概念，不同的专家有不同的表述。李继星指出，“现代学校制度指的是在新的社会背景下，能够适应市场经济发展和建设学习型社会的基本要求，以学校法人制度和新型政校关系为基础，举办者产权与学校日常管理权基本分离，学校依法自主管理，由教育管理行家负责学校日常管理，教职工依法民主参与，学校与社区中的各种组织及家长密切合作，指导和约束学校可持续发展的一套完整的制度体系。”① 黄兆龙指出，“现代学校制度指的是一种适应社会化大教育和社会主义市场经济体制、政治体制、科技体制改革的内在要求，以学校法人制度为主体，以有限责任制度为核心，以教育管理专家经营为表征，以学校组织制度和管理制度以及新型的政校关系为主要内容的现代学校体制。”②《教育规划纲要》提出要建设依法办学、自主管理、民主监督、社会参与的现代学校制度，指出了现代学校制度的关键内涵。

现代学校制度的特点和内涵体现在以下几个方面。

第一，具有先进性。现代学校制度是现代治理理念下的学校管理模式的新探索，是现代教育变革、学校变革在制度层面的反映，是一种“好的、先进的、能适应时代要求的”学校制度。

第二，重视学校的主体性。现代学校制度是一种以学校为主体、以学生发展为核心的制度安排。它重视教育的内在属性与发展规律，重视教师的教和学生的学，并以此作为构建整个学校制度的法则。在现代学校制度的框架下，所有的规则体系都是围绕更好地促进学生发展来构建的，从而更加凸显教育的独立性和学校的自主性。③ 社会上的许多热点话题，比如“教育家办学、管办分离、提高学校办学自主权”等，都是基于这一语境展开的。

第三，重视教育管理的开放性。现代学校制度是一种协调校内和校外关系的制度安排。现代学校制度把学校视为一个开放的组织，不仅关注学校内部的运作，而且重

---

① 李继星．现代学校制度初论［J］．教育研究，2003（12）：83.

② 黄兆龙．现代学校制度初探——兼论国有民营学校管理模式［J］．中小学管理，1998（7－8）：24－26.

③ 孟昭海．什么是现代学校制度［J］．中国德育，2012（19）：59.

视学校与外界的互动。现代学校制度包括校内制度和校外制度。通过校内制度和校外制度，将学校从封闭、半封闭的办学模式转向开放办学，形成政府、学校、教师、学生、家长、社区、社会组织等共同参与学校管理的新生态。

可以看出，相对于传统学校制度而言，现代学校制度涉及学校法人制度、新型政校关系、学校依法自主、民主参与以及学校与社会协调发展等关键词。

二、建章立制，实行依法办学

依法办学是依法治教的重要组成部分，也是深化教育体制改革、建设现代学校制度的重要保障和内在要求。依法办学的目标是依据教育法律法规，贯彻落实教育方针政策，建立法制化、制度化、民主化的学校管理体制，形成政府依法管理学校，学校依法自主办学，同时教育各主体的合法权益得到有效保护的管理新格局。

2012 年教育部印发的《全面推进依法治校实施纲要》明确要求，各级各类学校要全面落实依法治国要求，大力推进依法治校，提高学校治理法治化、科学化水平，维护学校、教师、学生各方合法权益，全面提高人才培养质量，实现教育现代化。

（一）依法治校的指导思想与总体要求①

1. 依法治校的指导思想

全面推进依法治校，必须以中国特色社会主义理论为指导，坚持社会主义办学方向，弘扬和践行社会主义核心价值体系，将坚持和改善学校党的领导与学校的依法治理紧密结合起来；必须全面贯彻国家教育方针，把立德树人，培养德、智、体、美全面发展的社会主义建设者和接班人作为学校教育的根本任务，全面提高校长、教职工和学生的法律素质，加强公民意识教育，培养社会主义合格公民；必须坚持以人为本，

① 中华人民共和国教育部．教育部关于印发《全面推进依法治校实施纲要》的通知［EB/OL］．（2013 - 01 - 16）［2021 - 09 - 03］．http：//www. moe. gov. cn/srcsite/A02/s5913/s5933/201212/t20121203_146831. html.

依法办学，积极落实教师、学生的主体地位，依法保障师生的合法权利；必须切实转变管理理念与方式，提高管理效率和效益，为全面推进依法治国和全面实现教育现代化打下坚实的基础。

2. 依法治校的总体要求

学校要牢固树立依法办事、尊重章程、法律规则面前人人平等的理念，建立公正合法、系统完善的制度与程序，保证学校的办学宗旨、教育活动与制度规范符合民主法治、自由平等、公平正义的社会主义法治理念要求；要以建设现代学校制度为目标，落实和规范学校办学自主权，形成政府依法管理学校，学校依法办学、自主管理，教师依法执教，社会依法支持和参与学校管理的格局；要以提高学校章程及制度建设质量、规范和制约管理权力运行、推动基层民主建设、健全权利保障和救济机制为着力点，增强运用法治思维和法律手段解决学校改革发展中突出矛盾和问题的能力，全面提高学校依法管理的能力和水平；要切实落实师生主体地位，大力提高自律意识、服务意识，依法落实和保障师生的知情权、参与权、表达权和监督权，积极建设民主校园、和谐校园、平安校园。

（二）构建依法办学的制度体系

1. 树立依法办学的法治意识

教育各主体，包括政府、学校、社会，具备相应的法治意识是实现依法治校的重要保障。教育行政人员要加强法治意识，培养法治思维，避免管理“越位”、将行政权力放在首要位置以及管理手段僵化等问题。学校要加强法治教育，加强对教育相关法律条款的学习，培养全体师生的法律理念，让依法治校的法治精神深入人心，让国家法律法规和学校规章制度成为师生维护自身合法权益的法律武器，同时也化作师生必须遵守的行为规范。

2. 依法制定校内各项管理制度

在依法治校框架下，学校要根据现有教育法律法规，遵循教育教学基本规律，以及学校自身的办学实际情况，制定学校章程及各项规章制度。其中，学校章程的制定是重中之重。制定学校章程是建立现代学校制度的实践载体，是推进依法治校和扩大学校办学自主权的重要保证，同时也是政府监管学校办学行为和办学质量的重要依据。

学校章程是学校依法自主办学、实施管理和履行公共管理职能的基本准则，是学校办学的纲领性文件，是学校各规章制度中的“根本大法”，是“母法”。制定学校各规章制度都要依据学校章程。学校具体规章制度是学校章程的“子法”，是学校章程的具体化和补充。

按照《全面推进依法治校实施纲要》要求，2015 年全国全面形成“一校一章程”的格局。要求“一校一章程”，这是充分考虑了学校按照各自办学传统、实现特色发展的要求的。学校章程要体现学校办学的特色和理念。学校章程的制定要密切联系各校办学实际，既要反映学校办学的历史，又要体现学校办学的现状和发展前景。

制定学校章程，需要注意以下事项：

一是体现章程的合法性。章程的合法性，即章程的条款要于法有据，符合国家制定的相关法律和地方教育行政法规要求。同时，要坚持“法律保留原则”，凡是法律有明确规定的，原则上不作重复规定；对法律未作规定的事项，可在不违背法律精神和原则的前提下做有益的尝试和探索。

二是体现章程的规范性。一般地，作为学校内部法律依据，章程由总则、分则和附则三部分构成，要满足较高的准确性和规范性要求。总则部分具有原则性和概括性，主要说明章程制定的依据和目的。分则部分具有全面性，是学校章程的实体性部分，这部分内容包括学校名称、校址和性质，办学宗旨、办学特色，内部管理体制，财务管理、安全及管理和卫生保健制度，各教育主体之间的管理权利与义务等。附则部分是对学校章程的解释性说明，包括名词、术语的规定，章程修改程序，以及必须由章程规定的事项、章程实行的时间等。

三是体现章程的民主性。章程的制定需要在民主协商、民主决策的基础上进行，充分反映广大教职工、学生的意愿，凝聚成共同的理念与价值认同。要依据法律和章程的原则与要求，制定并完善教学、科研、学生、人事、资产与财务、后勤、安全、对外合作等方面的管理制度，建立健全各种办事程序、内部机构组织规则、议事规则等，形成健全、规范、统一的制度体系。

三、构建政府、学校、社会之间新型关系，落实学校法人地位

（一）构建新型政校关系

构建新型政校关系，明确学校和政府之间的关系，是现代学校制度建设的前提。构建新型政校关系，是推进管办评分离的核心思想和根本任务，形成政府简政放权、依法管理，学校依法自主办学，社会各界依法参与和监督的教育公共治理新格局。

在现代学校制度的框架下，政府是“管”的主体，学校是“办学”的主体，政府同时协调社会多方力量做好“评”的工作。

首先，政府是“管”的主体。政府主要发挥科学决策、宏观指导、合理配置教育资源、有效考核评价的作用。具体来说，政府要切实转变“统、包、管”的模式，从具体的行政管理转向依法监管、提供服务；切实落实和尊重学校办学自主权，减少过多、过细的直接管理活动。政府要主动协调其他有关部门为学校解决法律问题，保障学校的办学自主权和合法权益，积极开展校园及周边环境的治理工作，依法维护校园安全，为学校改革发展创造良好的外部环境，即政府要提升教育管理和服务水平，由微观管理走向宏观管理，由办教育向管教育转变，由管理向服务转变。

其次，在“评”上，引进社会力量，建立健全政府、学校、专业机构和社会组织等多元参与的教育评价体系。政府不仅要去行政化、向学校放权，还要向社会放权，支持和发展专业机构和社会组织，将专业性、事务性工作委托专业机构承担，建立健全教育评价机构监管机制。新型政校关系的构建需要相关教育法律法规的支撑。行政手段减少后，要由法律手段来监管，确保政府和学校依法执行各自的管理职责。政府要加快教育立法，规范教育行政权力行使程序，建立权责统一、权威高效的行政执法体制，形成职权清晰、分工明确的执法工作机制。

党的十九届四中全会通过的《中共中央关于坚持和完善中国特色社会主义制度推进国家治理体系和治理能力现代化若干重大问题的决定》（以下简称《决定》）对推进

学校治理现代化提供了新的制度环境，提出了新的推进要求。该《决定》提出推进学校治理现代化，构建政府、学校、社会之间的新型关系，既是构建职责明确、依法行政的政府治理体系，建设人民满意的服务型政府的重要任务，也是聚焦办好人民满意的教育、深化教育领域综合改革的必然要求。

（二）落实学校法人地位

学校是办学的主体，落实学校法人地位，是现代学校管理制度的核心内容，也是依法治校的主要内容。《全面推进依法治校实施纲要》抓住学校办学和管理的核心要素，系统地提出了依法治校的总体要求和具体措施，从健全依法办学自主管理的制度体系、完善学校内部治理结构、规范办学行为等方面提出了具体要求，对构建新型政校关系，形成政府依法管理学校、学校依法办学和自主管理、教师依法执教、社会依法支持和参与学校管理的格局发挥了重要作用。

2015 年修订的《教育法》规定了学校是法人单位，具有按照章程自主管理的权利。其中第二十九条规定，学校及其他教育机构行使下列权利：

（一）按照章程自主管理；

（二）组织实施教育教学活动；

（三）招收学生或者其他受教育者；

（四）对受教育者进行学籍管理，实施奖励或者处分；

（五）对受教育者颁发相应的学业证书；

（六）聘任教师及其他职工，实施奖励或者处分；

（七）管理、使用本单位的设施和经费；

（八）拒绝任何组织和个人对教育教学活动的非法干涉；

（九）法律、法规规定的其他权利。

制定学校章程，构建科学的校内各项管理制度，是学校落实法人地位、实现依法自主管理的关键。

（三）向社会开放

现代学校制度强调学校利益相关者在制度构建和发展中的作用，非常重视教育管理的开放性。构建现代学校制度，需要推动社会参与教育治理常态化，建立健全社会参与学校管理和教育评价监管机制，形成政府、学校、教师、学生、家长、社区、社会组织等共同参与学校管理的新生态。

四、构建现代学校内部治理结构

构建现代学校制度需要从内部制度和外部制度两个维度推进。政校关系是外因，学校内部治理结构是内因，外因最终通过内因产生作用，因此，在重建新型政校关系的同时，还需要进一步改进和完善学校内部治理结构。

我国现行的中小学管理体制主要为“一体两翼”。“一体”，是以党组织领导下的校长负责制为主体。“两翼”，是以教职工大会（包含教代会）制度、校务委员会制度为前置审议辅助。在具体运作上，党的组织发挥政治核心作用，对学校工作实行全面领导，校长作为学校法定代表人，全面负责学校教学、科研和行政管理工作。涉及学校发展和师生利益的重大问题的决策，必须由党组织研究决定，按照程序进行科学论证，提出解决方案，经过教代会或校务委员会的前置审议，再经过校长办公会、党政联席会讨论，最终形成决策并付诸实施。其中，教代会侧重于校内事务；校务委员会侧重于校外事务，重点是协调学校、家庭、社会之间的关系。在此基础上，与学校其他制度配合，如重大决策相关事项接受监督委员会（党组织和纪检部门）的民主监督，学校管理要广泛听取工会、家长委员会和学生会等群团的意见等。

拓展阅读

教代会和校务委员会的前置性审议功能

前置性审议，是指学校在实施某决策前，需要先通过教代会和校务委员会审议，才能转化为学校或校长的决定，并通过学校其他执行系统得以落实。

教代会应由民主选举产生的教师代表组成。

校务委员会一般由学校领导、教师、家长、社区代表、政府部门人员、法律工作者、专家学者、社会知名人士、学生代表（限于高中、中等专业学校）等组成，重点是协调学校、家庭、社会之间的关系，主要侧重于协调学校外部关系。

伴随教育管理重心的下放，学校进一步扩大办学自主权，学校所承担的办学责任和风险意识也相应地增加了。无论是实行校长负责制下的教代会决策机制，还是实行“一体两翼”的管理体制，都将面临新的挑战：挑战之一，是否真正落实校长负责制，充分发挥校长的专业作用；挑战之二，教代会在继续坚持校内咨询和重大事项上的决策功能之外，是否发挥参与学校管理的功能与作用；挑战之三，校务委员会作为协调学校与外部关系的职能机构，是否从目前的主要发挥学生事务管理功能，进一步扩展到民主参与学校管理、评价学校等功能领域中。总之，现有的学校管理体制还需要进一步完善和改进，逐步构建现代学校内部治理结构。

（一）完善校长负责制

校长负责制是我国学校的内部管理领导体制。从1985年颁布的《中共中央关于教育体制改革的决定》第一次规定了“学校逐步实行校长负责制”至今，校长负责制在我国已推行三十多年。2020年中组部工作要点明确要求“研究建立中小学校党组织领导下的校长负责制”。从“党委领导下”到“中小学党组织领导下”，学校党建统领的范围更广、要求更高了。

中小学校实行校长负责制，是在上级党组织和教育行政部门的领导下，校长对学校的教育教学和行政管理工作全面负责；学校党组织发挥政治核心作用；教代会参与学校民主管理、民主监督。坚持和完善校长负责制，有利于校长依法行使职权，充分发挥校长对学校教育教学和行政管理工作的负责作用；有利于加强和改善党对学校工作的领导，充分发挥学校党组织的政治核心作用；有利于加强学校民主管理，充分发挥教职工的主体作用；有利于学校改革、发展和稳定，提高教育质量和办学效益。

正确认识校长负责制的内涵，需要从以下几个方面开展。

首先，校长负责制有法律保障。1995年制定的《义务教育法》第三十条规定“学校的教学及其他行政管理，由校长负责”，同时明确规定了校长作为学校法人代表的地位。之后，我国先后制定的一系列指导性和标准性文件，如《中国教育改革和发展纲要》《全国中小学校长任职条件和岗位要求（试行）》《国家中长期教育改革与发展规划纲要（2010—2020 年）》《依法治教实施纲要（2016—2020 年）》《国家教育事业发展“十三五”规划》等，不断完善了校长负责制的内涵与要求，使之纳入法治化的轨道。

其次，校长负责制是一种整体性的体制。主张实行校长负责制，并非主张校长“一言堂”。校长负责制是一个完整的体制概念，由三部分明确的职责分工组成，其中党组织起主导作用，校长起关键作用，教代会起制度保障作用。校长是学校办学的法人，是行政管理指挥的中心。

最后，校长负责制需要规范的制度保障。尽管校长是学校办学的法人和主要责任人，但校长负责制依然注重民主、科学的决策，需要建立健全管理制度、监督制度和运行机制。在管理制度缺位的情况下，校长负责制在实施过程中将面临各种变形。

在推行校长负责制的实践中，如何促进校长这个重要角色向职业化、专业化方向发展，也成为教育领域的重点关注话题。近年来，我国一些地区探索取消校长行政级别，实行校长职级制改革。其目的在于界定校长角色身份，使其向职业化、专业化方向发展。与传统的校长任命制相比，实行校长职级制具有以下三个方面的特征：一是实行校长任职资格制，由“职务”转变为“职业”，有助于校长职业化和专业化；二是实行公开遴选制，有利于选拔既热爱教育又熟悉办学过程的有识之士担任校长一职；三是打破了校长终身制，有利于形成“职务能上能下，待遇能高能低，流动能进能出”的灵活用人制度。

国家层面，为推进校长职业的专业化，国家已经正式颁布了《义务教育学校校长专业标准》《普通高中校长专业标准》《中等职业学校校长专业标准》《幼儿园园长专业标准》。专业标准对校长专业素质提出了基本要求，是制定校长任职资格标准、培训课程标准、考核评价标准等的重要依据。专业标准的出台，是实现对校长规范管理、促进校长专业发展的重要举措。

当前，为促进教育资源优化配置，推动教育资源公平化，我国义务教育启动“双减”政策，教师“轮岗制”再次被提上重要日程。以北京市为例，新的学期将大面积、大比例推进干部教师轮岗，其中包括校长的轮岗。具体来说，在校长层面，凡是距离退休时间超过 5 年的，并且在同一所学校任职满 6 年的正、副校长原则上应进行交流轮岗。建立校长轮岗交流制度，不仅有利于实现教育整体均衡发展，也有利于校长负责制的发展。校长的合理流动，更需要常态化、制度化和规范化的学校管理制度保障，某种程度上也会推动学校管理科学、管理体制的建设，使校长队伍结构更趋合理。

案例讨论

李校长的“无为而治”①

李校长是一所优质中学的校长、市教育学会的理事长、区政协委员。他经常参加校外社交活动，虽然不是每天都在学校，但学校工作井然有序。在校时，他经常到办公室同教师谈这谈那，也不拘形式地与学生接触，问这问那。在交流中，教师、学生向他提出了许多具体要求。例如，物理教研组组长提出，实验器材不足，要求学校解决；一个班主任反映，学生课外作业负担过重，希望学校采取一些措施予以解决；会计谈到学校基础设施建设中存在一些矛盾，请求仲裁。对于这些要求，李校长一般都会说：“我知道了。这个问题副校长在管，你去问他，让他决定。”“我同教务处谈谈，让他们处理。”“我跟总务主任说一下，让他解决。”一次在教职工大会上，李校长念了一张给他的纸条：“您是校长，为什么遇到问题不表态？是权不在手，还是处理不了？”念完纸条，李校长首先感谢了写纸条的老师对他的关心，然后明确表示：“我是有职有权的，学校里重大事情的决定，都是由我主持做出的。这就是权嘛！至于执行过程中的具体问题和细节的处理，领导成员有明确分工。因此，我不能随意表态。”对于李校长的解释，一些教职工仍不赞同。他们认为，领导成员虽然多，但还应是校长说了算。若两位领导对一个问题表态不同，应该听校长的。由于有这样一些议论，李校长不在校时，个别领导成员就把一些自己能处理的事也搁了下来。

面对这些情况，李校长除了在领导班子中统一认识外，又通过各种方式对教职工谈了他的看法：校长负责制，不是按校长的个人意志办事。不按章办事，校长说的也不能算数。有的事无章可循，特别是有关改革的事，更不能由校长一人决定。学校中大大小小的事，都由校长决定，都要通过校长，这不叫有职有权，而是个人专权。集体决定的事，校长随意变更，或者对那些有人分管的事，校长出面表态处理，不但不能调动每个人的积极性、主动性，发挥其才干，而且会让一些同志养成依赖性。

李校长的看法得到了领导成员的赞同，但有的教职工还是向他提出问题：“这样说，校长不是‘无为而治’了吗？”他回答：“校长应该管他所应管的，而不管他所不

---

① 程凤春．学校管理的50个典型案例［M］．上海，华东师范大学出版社，2008：58－61．引用时有修改。

应管的。样样抓在自己手中，看似权力大，实质上是放掉了大权。不把权授给分管的领导，自己成为光杆司令，那才会真正失权。”

问题思考：

1. 李校长对小事不为，但他仍然对学校的事情负最终的责任。你是否赞同这种管理方式？请说出你的理由。

2. 如果你是李校长，你如何界定在哪些事情上有所为，在哪些事情上有所不为？

3. 如果你是李校长，你在与基层教师、学生沟通时，面对他们提出的具体问题，你会采取何种措施迅速解决问题，使教师、学生感觉到你的领导力量？

4. 请你对李校长提出一些建议，克服分权中遇到的问题。

（二）完善教代会制度

依据我国现有的教育法律法规，以教师为主体的教代会制度是保障教职工民主参与学校管理、促进学校管理民主化的重要制度保障，也是现代学校制度的重要组成部分，其职责主要有审议建议权、审议通过权、审议决定权和评议监督权。如何确立教职工在学校治理结构中的地位和作用，是学校治理结构中的重要问题。

实践表明，教代会制度已经普遍建立，在学校重大决策过程中发挥着重要的监管作用。但现实中，教代会制度的功能作用发挥很不充分。要想真正发挥教职工参与学校管理的主动性和积极性，还需要进一步完善相应的机制建设。从机制建设来看，教代会应坚持民主选举、实行工作例会等工作机制，在此基础上，要将教代会制度列入学校发展规划当中，作为学校经常性的工作内容来落实。

（三）完善家校合作制度

新时期学校的管理需要高度重视社区、家长、学生、校友资源等组成的社会力量的合力参与，尤其要重视家校合作机制的建立。如何通过制度建设来保障家长参与学校管理，是家校合作的重要条件。目前，我国关于家校合作的基本制度是家长委员会制度，各校通过家长委员会制度，实现家长参与学校管理。由于法律层面上没有明确规定家长委员会具体的参与职责与内容，因此，很多时候家长委员会的作用没有得到充分发挥，有些学校的家长委员会形同虚设。

构建现代学校制度，不仅需要重建新型政校关系，同时，还需要重建新型家校关系。新型家校关系的建设，需要基于共同育人的理念，建立相互理解、相互协作的合作机制。这既需要通过开展家长学校、教师与家长联合会、家长互助中心等多途径活动方式，促进学校与家长之间的了解和合作意识，同时还需要加快制定相应的法律法规，最终通过制度层面保障家校合作的实质性进展。

（四）完善校务委员会制度

由于学校内外部环境日益复杂化，只靠政府或学校自身力量很难保障学校教育的顺利发展，学校必须打破封闭的办学模式，面向区域社会开放办学，让更多的教育主体参与到学校管理过程中。“校务委员会正是着力协调学校、家庭、社区（社会）功效，促进教育管理新问题逐步得到解决，弥补教育管理‘缺位’的途径和载体。”①

拓展阅读

南京中小学基本实现在学校章程中确立校务委员会制度②

自2005年5月起，南京市在部分中小学开展了校务咨询委员会和校务委员会试点。2007年，南京市决定在前期试点的基础上，在鼓楼区所有公办学校和南京市第一中学等深入推进校务委员会试点工作。截至2012年，南京市的571所公办中小学均设立了校务委员会，基本上实现了校务委员会建设和学校章程修订“两个百分百”。各级各类学校以修改学校章程为契机，将校务委员会作为学校管理体制的组成部分正式写入学校章程，为校务委员会确立了法律地位，各区县积极制定校务委员会相关工作制度。《南京市校务委员会工作规程》中规定了校务委员会的主要职能：一是咨询和建议。提

① 宋红斌．建设现代学校制度新常态——基于校务委员会制度建设的实践与思考［J］．江苏教育：教育管理版，2015（1）：16.

② 江苏教育报．南京571所中小学校建立校务委员会［EB/OL］．（2014－03－13）［2021－09－03］．http：//jyj. suzhou. gov. cn/szjyj/gnsd/201403/MMK1ND6X0OIZGWJ8TESYQYCOAVO880AL. shtml；中国教育报．积极探索中小学校务委员会制度［EB/OL］．（2013－03－20）［2021－09－03］．http：//www. moe. gov. cn/jyb_xwfb/moe_2082/s7081/s7290/201303/t20130320_149035. html.

供社区（社会）对教育的需求信息，提出完善学校管理和学生教育的建设性意见，反映学校服务对象的意见和建议。二是宣传和协调。宣传学校的发展规划和重大决策，协调学校、家庭、社区（社会）之间的关系，调动各方面的积极性，利用各种资源为学校发展和学生培养服务。三是审议和决定。在遵循法律法规和政策规定的前提下，对有关学生管理、学生发展的相关事项进行协商审议，并做出相应决定。

校务委员会是学校管理体制的重要组成部分，在营造学校教育的良好外部环境方面发挥着重要作用，是校长负责制的重要补充和完善。

另外，随着学校的开放办学，家长、社区代表以及社会知名人士等教育主体多方参与，学校要积极探索扩大社会参与学校办学与管理的渠道与方式，依法健全社会参与机制。中小学要加强与所在社区的合作，积极开展社区服务，创造条件开放教育资源和公共设施，参与社区建设，完善与社区、有关企事业组织合作共建的体制、机制。健全兼职法制副校长的聘任办法和任职要求，探索借助社会资源和力量，加强学校安全管理、开展法制和其他有针对性的教育教学活动，改善学校周边环境。职业学校、高等学校要积极扩大社会合作，在决策咨询、教学科研、安全管理、学生实习实践等方面更多引入社会资源，健全制度，扩大社会参与的广度与深度。

五、现代学校制度建设的实践探索

任何一项改革都不是靠单项改革就可以取得成效的，而是需要系统设计、综合改革、全面深化。现阶段，现代学校制度建设主要通过国家试点推进、地方自行探索的方式逐步推进。

（一）实行简政放权、扩大学校办学自主权，转变“管”教育方式

为了有效落实《教育规划纲要》精神，国务院办公厅颁发了《国务院办公厅关于开展国家教育体制改革试点的通知》（国办发〔2010〕48号）（以下简称《通知》）。《通知》要求，根据《教育规划纲要》的部署，决定在部分地区和学校开展国家教育

体制改革试点。全国有21个省、自治区和部分高校参与该项试点，实施的项目共计44个。A校就是试点学校之一。

A校案例材料一：

A校是北京市一所公办全日制完全中学，建校已有60多年。自20世纪90年代起，A校进行了两轮国有民办办学体制改革实验。2011年，A校被批准为国家级教育体制改革试点项目“深化基础教育学校办学体制改革试验项目学校”。根据校长与上级教育主管部门签订的承办协议，A校获得了五个方面的办学自主权，即自主筹集日常办学经费、自主招生、自主用人、自主经费支配、自主教育改革。

“五自主”办学权限，极大地拓宽了A校办学渠道，学校管理机制的形成和运行、学校决策的制定、校本课程的设置与开发、育人模式的实施、教职工的管理、学校文化的塑造，都由学校自己来把握和运作。这使A校得到了宝贵的政策空间，拓宽了学校生存发展的渠道，获得了快速发展，在多方面产生了巨大的变化。

学校依法享有办学自主权是现代学校制度的重要特征。在管理学中，自主权包括财权、人权、物权和事权。因此，依据相关教育法律法规规定，政府有必要将适当的人事权、公用经费使用权转交给学校。只有这样，地方教育行政主管者才能由过去着重于完成行政命令性改革目标，转向以学校发展为本，探索和追求科学统筹区域教育发展规划的管理理念和管理内涵。而学校只有具备了一定的财权、教师招聘权和校内管理自主权，才能发挥办学主动性和积极性，遵循办学规律和传统，实现特色发展。

一直以来，我国公办中小学面临四大困难：一是经费短缺；二是缺乏办学自主权；三是教育思想陈旧落后；四是教师专业化程度较低，队伍不稳定。面对这四大困难，作为我国率先进行中小学办学体制改革的试验学校，上述案例中的A校较好地解决了上述困难和问题。A校的改革实践，不仅探索出了当时公办学校走出办学困境的有效路径，同时也为当前我国探索现代学校制度建设带来了一定的启示。这一启示可归纳为，转变政府“管”教育方式，即一方面需要通过简政放权，扩大学校的办学自主权；另一方面需要推行多样化的基础教育改革与发展模式。

（二）促进校长专业化，让“办”教育回归本质

有了较好的外部制度环境，是否能构建起现代学校制度，关键要看校长的领导力。正因为有了A校前任校长的职业热情和创新精神，区域教育行政主管部门才与该

校签约，下放了“五个自主权”，A 校挣脱了公办学校的办学困境，探索出了公办学校自主办学、特色办学的新局面。课程改革上，采用分类课程，对国家课程校本化，同时实行了选课走班制，学生“一人一课表”；培养模式上，取消班主任老师，设立成长导师、学业导师和学术导师，创新人才培养模式。对于一所拥有 300 多门课程、1 430 多个教学班的学校来说，改革的过程是艰辛的，A 校之所以能发展为“深化基础教育学校办学体制改革试验项目学校”，与两任校长本身较高的专业素养、较强的创新变革组织能力是息息相关的。

学校管理的运行主要受内外两个制度环境的制约，即受教育行政主管部门和学校内部管理层的制约。在保障一定教育水准的前提条件下，A 校所在的教育行政主管部门充分授权校长及其管理团队，而该校校长及其管理团队一直在探索有效的学校内部管理体制和机制。

根据波士顿四象限分析法，按照重要、不重要、紧急和不紧急两个交叉轴，分析、判断当前最要紧的事情。即要事第一，要把最主要的事情做好。通过该分析法，A 校校长及其管理团队认为，学校管理层要做的重点工作，首先是制定规划学校常规运行的有效机制，明确校长与各管理层级之间的管理权利和职责，以及实行民主决策、科学决策，保障教育的公益性和管理的科学性。

（三）制定学校章程，构建现代学校治理结构

办学体制改革既是学校获得重生的一次革命性变革，更是一次校内管理权限的重新分配过程，具有牵一发而动全身之功效。通过办学体制改革、课程改革，A 校在全国产生了良好的影响。自 2011 年以来，作为国家级教育体制改革试点项目“深化基础教育学校办学体制改革试验项目学校”，A 校以课程改革为核心，开始全面推动学校内部管理体制改革。

1. 制定《学校章程》，为教师创设安全的工作环境和长效运行机制

A 校案例材料二：

2014 年 11 月中旬至 12 月中旬，经过为期一个月的学校教代会讨论，100 多位教师代表以不记名方式高票通过了《学校章程》，开启了 A 学校依法治校的新纪元。A 校的《学校章程》由以下八章内容组成：

第一章总则，规定了制定章程的法律依据、学校称谓和学校法人资格。

第二章治理结构，规定了学校实行分权制治理结构、坚持教代会讨论审定学校重大方针政策的民主决策机制，校长退出机制，启动弹劾校长或修订政策方案机制，中层干部聘任机制，校长负责制的保障机制，校务委员会、学术委员会、学校正确办学的组织保障机制，学生民主自治组织、教师家长委员会等内容。

第三章管理机制，规定了学校实行扁平化、分布式、分权制、制衡型的管理机制。

第四章课程与教育教学管理，规定了教育教学的价值追求和基本原则，确定了相关教育教学评价方案。各学科应该允许教师以适合的教学方式进行相应探索，以及有关教导处的职责等内容。

第五章人力资源工作，规定了校内管理层的聘任，实行每学年由校长聘任，实行教职工与学部（年级）、部门双向选择的聘任机制，新入职教师的聘任录用机制，校内薪酬分配机制等内容。

第六章财务管理，规定了财务工作实行全面预算管理制度、财务工作必须相互制约、实施财务审计制度等内容。

第七章学校标识与文化日，规定了该校标识和校庆日。

第八章附则，规定了章程实施的时间以及在教代会休会期间，由校务委员会负责解释章程等内容。

A校的《学校章程》是在其具备了良好的内外部制度环境的背景下产生的。该校自身具有良好的校内外管理体制。首先，从外部管理体制来看，该校所在的区政府对该校充分授权，政府的责任是对该校改革结果进行验证和评估；其次，从内部管理体制来看，该校全面落实了校长负责制、教职工聘任制、结构工资制和岗位目标责任制等；最后，通过创新活动和课程建设，促使学校、教师、学生三方达成了共同的目标。有了良好的制度环境、校内凝聚力，才促使该校制定了本校的《学校章程》，具备了依法治校的制度保障。

A校为实现“创造适合每一位学生发展的教育”的办学宗旨，制定了《学校章程》。这是一份全校教师共同拟定并达成共识、获得通过的《学校章程》，用该校校长的话说：“《学校章程》为每一位教师创设了安全的工作环境和长效的运行机制，学校将不再由于校长的更替而发生动荡。”

目前，我国已经基本做到了“一校一章程”。但学校章程在实践的实施和落实还需要更多的探索、还面临一些困难，尤其是缺乏相应的法律制度保障。这需要国家层面、政府层面以及学校自身整体推进、协调规划、合理推进现代学校制度建设，为各类学校依章程办学创造优良的内外部环境。

2.《学校章程》规定，学校实行分权制校内治理结构

A 校的《学校章程》规定，学校实行分权制校内治理结构。“教代会、校务委员会、学校党总支部委员会、学术委员会、学生会、教师家长委员会等组织，共同组成学校权力机构，分别决策相应事项。各治理主体互相制约，防止决策失误或某一方权力过度膨胀。”受英国领导力培训专家布赖恩·克莱格（Brian Clegg）和保罗·伯奇（Paul Birch）的启发，以及基于“三种管理时间”——受上级管理的时间、受组织支配的时间、由个人支配的时间的分析，A 校校长得出一个结论，即科学决策“应放在决策信息获取最充分的层级进行”，这是该校《学校章程》中规定学校实施分权制校内管理结构的基本理论依据。

厘清学校治理主体的职责与权利，是完善学校治理结构的前提。在传统的校园里，权力主体单一，于是责任主体必然单一，在不同领域的不同环节发生的诸多事情均由校长或者行政管理层决策，不仅容易导致决策失误或不够专业，让行政一方承担难以承受的压力，而且难以调动校内各方参与管理的积极性和创造性。因此，学校内部治理的良好生态，必须建立在多主体、全领域、各环节之中，并在实践过程中不断深化。

A 校实行的学校党总支部委员会、校务委员会、学术委员会、学生会、教师家长委员会等平行机构削弱了校长权力，实行治理中心多元化。办学权力多主体化，避免了学校事情一人说了算。

结合 A 校的《学校章程》建设，构建现代学校治理结构，可考虑从以下两个方面推进。

第一，学校坚持教代会讨论审定学校重大方针政策的民主决策机制。A 校《学校章程》规定，教代会代表 20 人及以上提议，可临时召开教代会，提请对校长的弹劾或对有关政策方案修改的建议议程，经全体代表 60% 以上同意后，方可启动弹劾校长或修订政策方案的程序。权力来自何方，服务对象往往就在何方。当学校领导以自己获得的权力和资源真心实意为一线教师服务的时候，权力和资源就有了最大化的价值。在 A 校，不仅规定校长不得改变教代会的各项决议，而且也不能在全校以行政手段推行某种教学模式。

第二，实行民主决策校长和中层管理干部的留任或退出机制。民主治校，教职工依

法、有效地参与学校管理，是现代学校制度的重要原则，是教育管理民主化的重要内容。

A校的《学校章程》不仅对学校运行中各个领域的工作进行了规定，而且规定了教代会参与学校重大发展规划的决策机制、弹劾校长制度以及通过信任投票决定校长的留任或退出机制等。

A校案例材料三：

A校教代会每年8月底对校长进行信任投票，采取无记名投票，并当场公布投票结果。达不到60%的信任票，校长必须自行辞职；达到60%但连续3年未达80%时，校长也必须自行辞职。

教代会每年8月底听取中层及以上干部述职，并进行无记名满意度测评，测评结果提交给校长，作为聘任干部的依据。对未达到60%或达到60%但连续3年低于80%满意度的人选，新年度不得聘任为中层及以上干部。

在校长责任制下，校长的权力也需要得到制约。但在校长任命制体制下，弹劾校长如何成为可能？在这样的环境下，是否会有“全校100名老师中有99人反对我，只要局长不反对，我就不怕”的声音？质疑者的言外之意是，目前的校长任命制和校长行政身份如果不淡化，采取“教师弹劾校长”只能是一种“戴着镣铐跳舞”的尝试。针对任命制体制的弊端，国家提倡实行校长职级制改革，逐步取消校长行政级别，促进校长专业化、职业化发展。

A校通过民主制定《学校章程》，教职工依法可决定校长的去留。这既打破了校长的“终身交椅”制，校长职位可上也可下，校长职位灵活化，同时，也激活了校长和中层管理干部办学的积极性和主动性，使办学有了活力。

3.《学校章程》规定，学校实行扁平化、分布式、分权制、制衡型的管理机制

A校案例材料四：

为减少学校管理层级，A校副校级干部直接兼学部（年级）主任或中层部门负责人，学部（年级）作为学校的事业部门，集教育、教学、科研、人事、财务管理于一身。中层部门作为职能部门，按照学校工作的总体规划与学部（年级）协商、合作开展工作，不作为一级管理部门，对学部（年级）工作不享有指挥权。各学部（年级）、各部门设计各自的内部组织结构，也应当按照扁平化的要求安排，以避免过多的管理层次。

学部（年级）和各部门依据不同的任务特点和成员能力，确定不同岗位的领导职

责，根据实际需求和实施效果，各岗位可以动态更替。分布式领导的每一个岗位的负责人即所负责领域的最高责任人，即使行政职务高于该岗位的领导者，在这一领域也应当接受其相应的领导。

学校与各学部（年级）、各部门、各学科实行分权分责的管理机制。在教育教学、人事、财务诸方面明确不同层级的责任，同时赋予相应的权力。

学校所有的权力均应受到相应制约。不仅学校治理主体各方需要相互制约，管理机制内部各岗位、各领域、各环节也要明确相应的制约机制。

校内组织既有纵向组织，也有横向组织。过去，我们看重的是纵向组织的建设。这一组织管理模式，有利于从上到下的管理，具有统一化、集权化特征，但容易造成权力过于集中、各组织之间的分离与不合作。改革后采用的扁平化管理机制，既重视了纵向组织的有效机制，也发挥了横向组织的功能，有利于各组织之间的分工与合作。通过实行分布式、分权制和制衡型管理机制，学校通过明确管理主体的责权利，最大限度地发挥每一个岗位的领导作用。同时，通过分权制、制衡型管理机制，制定各部门的管理行为规范，限制校长和各职能部门的权限范围，保证各管理主体之间分工明确，职责相当，相互约束，防止权力的滥用。

4. 多方探索家校合作机制，目的在于“为家长的需求服务”

A 校教育改革的最初阻力在一定程度上来自家长。实施大学式管理、学生走班选课、废除行政班、实施导师制等课程改革，家长是如何对待的呢？

A 校案例材料五：

A 校教育改革之初，不少家长表示怀疑。不过，只用了半年时间，A 校的家长就开始放下心来。

首先，家长们通过观察自己孩子的变化，意识到这次课程改革不仅没有影响孩子的学业成绩，而且孩子的综合素质还得到了全面提升，是一项系统的改革。如某同学，之前他并不怎么接触别人，但现在他可以从容地接待外宾，可以自己组织社团活动。父母正是因为感受到孩子身上发生的这些变化，才开始相信并支持学校的课程改革。

其次，学校通过教师家长委员会、“家庭自主教育评价表”，以及“家校携手，亲子共读”、家长课堂、家长互助中心等多种家校合作的有效载体，A 校的课程改革逐渐得到了家长、学生的理解和支持。

最后，A 校在营造家校合作方面进行了多方面的探索与实践，以此保障学生在学校的中心地位，更好地实现教育本质。例如，A校家长互助中心以“为家长的需求服务”为宗旨，以多样化交流活动为载体，以开发家长资源、家长互助为主要方式开展了一系列深受家长欢迎的主题活动，把众多家长吸引到一起，共同为孩子的成长助力。其中，家长互助中心开展了如家长职业咨询活动、“家长学生面对面”活动、“家长沙龙”等多种活动形式，很好地促进了学校与家长、家长与家长、家长与孩子之间的沟通与了解。

在儿童和青少年的成长、发育过程中，家庭教育和学校教育起着重要作用。如果这两方面教育步调一致，互相促进、配合，它们就会形成一股合力，促进儿童和青少年的全面发展。

（四）鼓励社会参与，逐步推进社会“评”教育

保障教育公益性是公共教育的基本原则，也是构建现代学校制度的本质要求。政府、学校、家庭、社会是教育的核心利益相关者，从教育的公共性考虑，教育利益相关者之间需要平等对话。

从制度创新角度来看，社会参与涉及开放办学、信息公开、民主参与等公共管理深层课题。随着现代学校制度建设的推进，在政府引导下，学校将加大对社会开放的程度，吸纳区域社会各界人士以及教师代表、家长代表、学生代表（适合高中阶段）等更多教育主体参与到学校管理过程中。为适应社会参与教育的理性呼应，以及进一步的制度化设计，未来学校教育的主体将由现在的政府、学校，逐渐扩展为政府、学校、家长、社区、非营利组织（Non－Profit Organization，NPO）、非政府组织（Non－Governmental Organization，NGO）、企业等多元化主体，形成新的教育合力。

目前，在我国教育法律法规中有关社会参与学校管理的制度主要有家长委员会制度。在很长一段时期内，家长委员会的形式大于内容。学校落实给家长的更多的是任务和要求，也会对家长进行家庭教育的培训学习，将学校与家庭的教育目标更好地趋于一致。近年来，国家提出鼓励社会“评”教育，越来越多的学校将家长引入学校的管理，让其在学校管理中具有相对的决策作用。

在上述案例中，A校在社会“评”教育举措方面也没有制度化的安排，家长以及其他社会组织的参与，还更多地属于学生事务管理领域的参与，在学校发展规划、重大政策的制定等方面没有具体让家长或区域社会代表参与。

从当前我国非营利组织、非政府组织的实际运行情况来看，社会“评”教育还面

临诸多困难，主要包括以下两个方面：一是第三方机构缺乏明确的概念界定，需要国家和政府从法律法规上给予明确的规定。二是如何认定第三方机构具有与教育专业相关的资质水平。标准是什么，由哪个机构来组织实施，谁最终承担第三方机构参与教育而带来的社会风险等，这些问题都需要事先进行明确的规定，才能保障社会参与的真实性、有效性和有序性。

本节介绍的 A 校改革实践中，其构建的校内治理体制比较接近现代教育治理理念下的现代学校制度，是较为全面、成功的现代学校制度的实践探索，具有一定的参考借鉴意义。需要我们注意的是，现代学校制度的出发点和落脚点是学生，A 校在其课程改革实践中始终牢记这一点，整个改革过程始终遵循“创造适合每一位学生发展的教育”的办学宗旨。

六、学校管理的新发展

近几年随着教育改革发展的推进，出现了一些新的学校管理形式，受到社会广泛关注，比如九年一贯制学校管理、集团化办学的管理、校际联盟办学的管理，以及更早出现的校本管理。办学模式的多样化为我国基础教育的发展带来了生机与活力，也为教育创新搭建了新的平台。下面我们对这些学校管理的新发展进行简单的了解。

（一）九年一贯制学校管理

九年一贯制学校，是教育改革发展中形成的一种新型模式。推行九年一贯制的初衷主要是通过体制机制改革，使中小学教育更具衔接贯通性，缩小教育差距，促进学生成长。近年来，在很多饱受择校困扰的大中城市基础教育改革实践中，九年一贯制的办学路径越来越多地被提及、关注。例如，从 20 世纪 80 年代便开始探索九年一贯制办学的北京市海淀区成为第一个改革创新的先行者。作为北京市基础教育体量最大的区县，截至 2015 年，北京市海淀区完成了 17 个学区的划分，实现了对口直升机制或九年一贯制。全区共有 40 多所九年一贯制学校，推行贯通学校管理，实现教师跨学段教学，模糊中小学学段的概念。

拓展阅读

北京市积极推进学区制和九年一贯对口招生[①]

北京市教育委员会2月6日发布《北京市教育委员会关于2015年义务教育阶段入学工作的意见》，提出将大力促进教育公平，统筹城乡义务教育资源均衡配置，全面实施素质教育。按照计划，将积极推进学区制和九年一贯对口招生。

“过去小学、初中、高中，学生在学业上是‘分段消费’，如今，整合学段资源贯通将成为纵向扩展优质资源的新形态。”北京市教委新闻发言人李奕介绍，今年北京市将大力推动九年一贯制的改革，让更多的孩子可以从小学“直升”初中，在家门口的学校完成9年乃至12年的学业。

九年一贯制将小学和初中这两个独立的学段整合成一个整体，具有独立初中和单独设置小学所无法比拟的教育整体性、连续性等各方面的优势。但九年一贯制办学意味着两所或多所学校的合并，会带来教学管理、教师队伍、课程设计、学生学业评价等方面深度融合的难题。与此同时，学校组织结构、学校管理者文化认同和管理能力、课题体系、教师教育教学能力和工作适应性均会受到挑战。不少专家认为，九年一贯制办学中，教师队伍一体化是最难的一点。[②]

（二）集团化办学管理

集团化办学是指在一个核心机构或品牌学校的牵头组织下，依据共同的办学理念和章程组建学校共同体，在学校规划、日常管理、课程建设、教师发展与设施使用等方面实现共享、互通、合作、共生，进而实现共同体的发展。集团化办学经常是名校带动弱校或新校。集团化办学被视为加快基础教育均衡化、优质化的有益探索，是当前许多地区均衡地区教育发展的推行政策之一。例如，2004年起杭州开始全面推进名校集团化战略。

① 北京市教育委员会．北京市教育委员会关于2015年义务教育阶段入学工作的意见［EB/OL］．(2015-02-06)［2021-09-03］．http://jw.beijing.gov.cn/bsfw/sxx/201601/t20160121_1545387.html.

② 柴葳．九年一贯制≠“小学+初中”［N］．中国教育报，2016-01-24.

集团化办学在我国最早出现于20世纪90年代，目前我国在这方面也积累了不少经验，有一些较为成功的案例。较早开始探索集团化办学实践的教育集团主要有：浙江省的教育集团，如杭州市求是教育集团、浙江省万里教育集团、宁波大红鹰教育集团；北京市的教育集团，如新东方教育集团、吉利国际教育集团；广东省的教育集团，如育才教育集团、广州岭南教育集团、信孚教育集团；上海市的教育集团，如中锐教育集团、上海建平教育集团等。许多教育集团涵盖学前、中小学以及高等教育各个阶段的教育服务。

集团化办学重在校际的联合，"母体"绝大多数都是名校。在集团化战略中，主要分三种基本模式：名校+新校、名校+普通校、学校联盟。"名校+新校"模式为"紧密型单法人"，一切由名校操办管理。"名校+普通校"模式为"松散型多法人"，通过名校对一所甚至多所相对薄弱学校的重组或联盟，形成连锁办学。此时，名校采用实体输出文化、师资、管理等方式。"学校联盟"模式则实行"联盟型多法人"轮值管理。无论是何种模式，集团化办学需要各校之间师资、经费、制度、教研、评价、文化、资源的共建，其中以师资、制度的共建最为重要。集团化办学具有明显的企业管理以及产业化经营的特征，容易实行"集团"内人、财、物等方面统一配置，有利于资源的优化和合理配置。

集团化办学的效应很直接，也很奏效。但在组建教育集团时，要注意其规模不能太大，同时要避免集团过于行政化。集团化办学要共享名校在教师培养等方面的先进管理经验，但也需要避免单纯复制名校的办学理念和管理办法，造成"千校一面"的局面。要鼓励集团下所有学校能够百花齐放。例如，深圳南山实验学校集团各分部在充分的自主管理中结合分部自身的资源优势形成了多种办学特色，而这些特色的形成也不断地丰富了该校集团化办学的内涵①（见表2-1）。

表2-1　深圳南山实验学校集团化办学各分部特色教育

	麒麟中学	荔林中学	南头小学	麒麟小学	鼎太小学
特色项目	1. 国际交流 2. 小组学习 3. 学生乐团 4. 礼仪教育 5. 机器人 ……	新技术在学科中的运用（敏特英语） ……	1. 舞蹈 2. 美术 3. 书法 4. 铜管乐 5. 乒乓球 ……	1. 科技教育 2. 教育博客 3. 社区教育 4. 教师阅读 5. 学生礼仪 ……	1. 电脑美术 2. 教师研修 3. 学生管乐 4. 远程协作 ……

① 深圳南山实验学校．提升品牌均衡发展——南山实验学校集团化办学模式的实践思考［EB/OL］.（2015-12-21）［2021-09-03］. http：//www. fqlszx. cn/2015/1221/1602. html.

（三）校际联盟办学管理

校际联盟办学是以名校引领、相对就近、优势互补、特色发展为原则，不同学校按照一校带多校的管理模式组建联盟学校。联盟由组内优质学校校长担任组长，从学校管理、队伍建设、教研教改、学生培养等方面实现优质教育资源的创新开发和共享。联盟学校共同制定联盟未来的发展方向、目标、措施，并通过校际联动、交流协作、学习借鉴，实现联盟学校的共同进步。由于校际联盟有利于不断缩小校际间的资源差异，使区域内优质教育资源形成聚集效应，从而进一步提升区域教育水平。校际联盟已成为许多地区创新教育模式的关注焦点之一。

校际联盟的合作形式有多种，既有同一学区或区域的优质校和薄弱校结成联盟，也有城、乡学校之间的联盟。合作领域也各不相同，有些合作可能较为单一，如单一的联合教研和教师培训，或单一的学生活动；有些合作则涉及教学、德育、学校管理等多方面。校际联盟的关键是搭建交流的平台，尤其是形成以教学为中心的联片教研共同体。有些联盟学校也会请教育科研机构提供专业指导，包括理念引领、课程建设、师资培训、学科项目研究等多项支持。

总体来说，校际联盟模式较为灵活，不受地域限制，学校自由组合结成学校联盟。联盟学校有各自的办学特色，学校之间平等互惠、优势互补、共同发展。

 拓展阅读

校际联盟推进教育均衡发展①

2015年为实施城乡校际联盟行动计划，推进校际教育教学一体化改革，促进优质教育资源均衡利用，孝感市教育局制定了工作方案，将市直文昌中学、丹阳中学、实验小学、玉泉小学分别与闵集中学、龙店中学、诸赵学校、闵集中心小学建立4对教育教学一体化联盟。同时参照一体化联盟形式，由市直楚澴中学、体育路学校、航天中学附属小学与“三区”双峰中学、洪益小学、临空区上新小学建立3对帮教帮学校

① 汪坚．校际联盟推进教育均衡发展［N］．孝感日报，2015－07－27．

际联盟。

城乡校际联盟在办学思路、课程实施、教师专业发展、教学研究、教育质量评价五个方面实现一体化管理，推动城乡义务教育学校均衡发展。根据实施方案，结对联盟学校每6年为一轮，同步开展双方校长、教师、学生等多层面的交流活动，包括联合举行学校行政例会、组织教师集体备课、统一组织公开课、送课研讨、统一组织考试及阅卷等。

为促进校际联盟持续健康发展，激励更多优秀教师参与城乡一体化交流，市教育局提出：从2014年起，所有申报高级以上职称资格评定的教师，必须具有在农村薄弱学校一年以上的任教经历。同时每年对每组联盟学校和顶岗交流教师给予一定数额的专项资金和补贴，保障联盟活动正常开展。

（四）校本管理

校本管理是把学校运营的权责系统地移交给学校，让其在国家厘定的目标、政策、课程、标准、问责的框架内，由学校领导、教师、家长、社区代表，可能包括学生代表在内就学校运营的重要事项做出最终的决策。校本管理意味着学校作为办学主体，享有办学自主权，其内涵是使学校成为独立的法人，既是学校产业的所有者，又是学校的管理者。学校法人独立化的关键是建立董事会并确立其法律地位。例如，英国以立法的形式给学校在人、财、物等方面更多的自主权，从而大幅度地增加了学校校长和管理团体的责任和权力。校本管理也被称为“自我管理”，即在国家确定的方针和经费原则下，学校被授权管理自己的事务、支配自己的资源、负责自己的预算，而不是由地方或国家部门所控制。

在实施校本管理的学校，董事会机制非常关键。董事会在教育经费筹措，以及校舍建设、教育教学设备添购、人员招聘等方面都发挥了重要作用。董事会成员的组成应当体现社会参与管理的要求，主要由三方面人员组成：一是学校的举办者或捐资人，或热心教育事业、具有经济实力的企业家和校友；二是教育家和社会贤达或与学校没有直接利害关系的行政人员；三是校长、教师代表、家长代表、社区代表。

校本管理的根本就是落实学校办学自主权。其中，实施校本课程是实施校本管理的教学基础。学校办学自主权涉及的方面有很多，其中包括：办学经费筹措使用权、学校自己的资本决定和处理权、机构设置和人员编制确定权、各类人员的聘任和使用权、教职员工的考核和报酬分配权、招生自主权，此外还有教育教学自主权。教育教学自主权主要是课程设置权，由学校自主决定课程。英国为典型的实施校本课程的国家，其教科书制度为自由制，即不仅教科书的出版、发行完全自由，其使用也由学校自定。美国早期受英国的影响较大，政府对学校的教育教学不加干预，实施的是“教学自治”。其课程行政主体是地方政府，但地方政府并不干涉学校课程设置。因此，学校拥有很大的课程设置权。政府则通过中介机构对学校课程设置进行监督和指导，然后提出指导性建议。其教科书制度与英国相同。

目前，我国建立董事会的教育机构主要集中在民办学校和少数公立“转制”学校。近几年来，在校长负责制的推动下，校本管理的理念得到了更好的落实，但距离真正的校本管理模式还有较大的差距。

从发达国家的经验来看，要想实施校本管理，需要推进、健全中介组织。从政府行政部门来说，实现校本管理就是管理职能的转变，即由原来的直接管理转向间接管理。发达国家在现代教育发展过程中，都比较重视发挥中介组织的作用。例如，自20世纪以来，美国就出现了许多协会和评估组织，对各级各类学校质量进行评估。除新英格兰、西部、西北部、南部、中部和中北部较有影响的6个地区的评估组织外，全美还有70多个全国性的教育和专业协会等评估组织，包括各种基金会、学术团体等。这些评估组织均为中介机构。它们制定学校的课程标准，确定如何评价学校课程的手段，通过评价和不断检查，定期公布达到标准的学校，以保证学校的教学质量。联邦政府和州政府根据这些评估机构的评估结果，确定给哪些学校资助和投资。由于这些社会的评估对学校的声誉、财政收入、学生生源都有直接影响，因此受到社会和学校的普遍重视，客观上成为调节各类教育的一种重要手段。学校只有通过地区评估组织的评估，其办学质量才会得到社会承认；学校如果要向政府申请资助、贷款或奖学金，也需要获得评估组织的通过。

拓展阅读

我国现代学校制度的确立

传统学校制度的明显特征是政校不分、政府大包大揽，即政府既是学校办学的主要投入者，又是人、财、物等的主要管理者，学校的服务结构单一。学校只要按照教育行政部门制定的任务去执行就可以，自身缺乏办学自主权和内在的发展动力。这种政校不分、政府直接管理学校的方式，导致“我国的教育行政和学校管理之间关系的根本特征不是制度性的，而是具有行政性（上下级的）、管理型（管与被管）、习惯性（随意的、人际的）等根本特征”①。这一关系和特征，一方面带来教育行政主管部门在管理当中的缺位、越位、错位、行政化，限制了学校的自主发展和特色发展；另一方面忽视了教育主体的多样性，将教师、家长以及区域内的教育资源排斥在外，学校实行封闭、半封闭办学。这种政校不分、封闭办学的运行模式，其结果是人才培养模式单一化、僵硬化，压抑了儿童和青少年的个性化发展，学校教育在一定程度上偏离了正常的发展轨道。

进入21世纪，世界教育管理改革总的发展趋势是办学重心下移，政府对学校的管理趋向投入—督导—管理。伴随公共教育管理重心下移，我国教育管理领域开始注重民主决策、管理责任、监督制衡、参与合作和平等竞争等管理机制。

2010年，《教育规划纲要》中明确指出：“推进政校分开、管办分离。适应中国国情和时代要求，建设依法办学、自主管理、民主监督、社会参与的现代学校制度，构建政府、学校、社会之间新型关系。”

2013年通过的《中共中央关于全面深化改革若干重大问题的决定》进一步明确提出：“深入推进管办评分离，扩大省级政府教育统筹权和学校办学自主权，完善学校内部治理结构。强化国家教育督导，委托社会组织开展教育评估监测。健全政府补贴、政府购买服务、助学贷款、基金奖励、捐资激励等制度，鼓励社会力量兴办教育。”至此，我国明确提出了构建现代学校制度，并提出了构建现代学校制度建设的综合性政策，即实现依法办学，优化学校内部治理结构，促进学校管理民主化，加强学校与社会之间的协作，构建和谐的教育环境。构建现代学校制度是当前我国推进教育治理现代化的一个重要举措，在某种程度上具有牵一发而动全身之功效。

从以上现代学校制度、学校管理的新发展来看，现代学校制度建设需要具备三个基本要素，即外部宽松的制度环境，内部自主、自律的现代法人治理结构，保障教育公益性的社会参与制度。在现代学校制度下，可能会出现许多学校管理的新发展和新探索，这些新发展和新探索推动着现代学校制度不断完善。

---

① 蒲蕊．政府与学校关系重建：一种制度分析的视角［J］．教育研究，2009，30（3）：82.

现代学校制度的基本特征可概括为以下三个方面。

一是依法治校的特征。学校具有法人资格，同时具有一定的财权、人事权和事务管理权。这就要求政府简政放权、加快职能转变，进一步扩大学校办学自主权，为构建现代学校制度创造良好的外部制度环境。教育行政管理职能，需要逐步由管制型政府向服务型政府转变、由经验型政府向法治型政府转变、由全能型政府向专业型政府转变、由政府单一供给向社会多元供给转变。

二是完善的现代学校内部管理机制特征。制定学校章程，建立完善的内部管理体制以及相应的管理机制。

三是更多社会主体参与学校管理，保障教育的公益性特征。学校应面向区域社会开放办学，让更多的教育主体参与学校管理，发挥其协助、监督和评价学校办学质量和效益的功能。

在构建现代学校制度的过程中，还需要正确处理以下几个关系：

（1）正确处理育人与管理制度之间的关系，即现代学校制度建设的出发点和落脚点是为了更好地促进儿童和青少年的健康成长，因此，任何制度创新都不能为了追求效率和利益，突破育人底线，更不能违背育人规则。

（2）处理好政府放权与政府问责之间的关系。放权并不意味着减轻政府负担，反而应该意识到是加大了政府的责任风险，对此，政府应加强相应的政策指导、专业引领和监督职能，保障学校的正确办学方向和一定的教育教学质量。

（3）坚持教育的公益性原则。任何改革都不能以牺牲公民接受平等教育的权利为代价，在推进现代学校制度建设过程中，尽可能让多元教育主体参与进来，形成网络化的社会组织，共同承担育人的责任和义务。

本章小结

现代学校制度指的是在新的社会背景下，能够适应我国国情和时代要求，以学校法人制度和新型政校关系为基础，学校依法自主管理，由教育管理专家负责学校日常管理，教职工依法民主参与，学校与社区中的各种组织及家长密切合作，指导和约束学校可持续发展的一套完整的制度体系。现代学校制度是现代治理理念下的学校管理模式的新探索，是现代教育变革、学校变革在制度层面的反映，是一种以学校为主体、以学生发展为核心的制度安排，具有依法办学、自主管理、民主监督、社会参与的内涵特征。

构建新型政校关系，明确学校和政府之间的关系，是现代学校制度建设的前提。构建现代学校内部治理结构包括完善党组织领导下的校长负责制、教职工代表大会制度、家校合作制度、校务委员会制度。

本章以A校的制度建设实践为例，展示了该校实行简政放权扩大学校办学自主权、促进校长专业能力、制定学校章程、鼓励社会参与的实践经验。

九年一贯制学校，是教育改革发展中形成的一种新型模式。推行九年一贯制的初衷主要是通过体制机制改革，使中小学教育衔接得更具衔接贯通性，缩小教育差距，促进学生成长。九年一贯制面临教学管理、教师队伍、课程设计等方面深度融合的难题。

集团化办学包括公立性质和民办性质两种。集团化办学重在校际的联合，目标在于促进教育的均衡发展，其管理的关键是办学理念、教师队伍的共建共享。

校际联盟办学是以名校引领、相对就近、优势互补、特色发展为原则，不同学校按照一校带多校的管理模式组建联盟学校。校际联盟模式较为灵活，不受地缘限制，学校自由组合结成学校联盟。联盟学校有各自的办学特色，学校之间平等互惠、优势互补、共同发展。

校本管理是把学校运营的权责系统地转移给学校，让其在国家厘定的目标、政策、课程、标准、问责的框架内，由学校领导、教师、家长、社区代表，可能包括学生代表在内就学校运营的重要事项做出最终的决策。校本管理的根本就是落实学校办学自主权。

思考题

1. 构建现代学校制度需要具备哪几个基本要素？
2. 在构建现代学校内部治理结构过程中，需要从哪两个维度推进？
3. 思考当前我国实行社会参与制度的利与弊。
4. 辨析集团化办学的利与弊。
5. 区分我国目前的校长负责制与校本管理模式的区别。

第三章

课程与教学管理

学习目标

1. 能够归纳当前学校课程管理的基本内容。
2. 能够举例说明学校课程规划与研发的原则。
3. 能够结合实际草拟一份学校课程建设方案。

导学材料一

每所学校都有自己的课程体系①

从2009年开始提炼办学理念、2010年多方寻找专业支持、2011年开始构建课程体系，到2012年开始完善课程体系，处于城乡接合部的南京市玄武区十三中红山校区，用了将近4年的时间，建立了具有自己学校特色的课程体系。这个用“立交桥”命名的课程体系，体现了层次性、多元化、可选择、能融通的特点，包括基础型、拓展型、探究型三种不同类型的课程，开发出一系列令人耳目一新的课程。在此基础上，学校深入研究课程实施，开展了4S高效课堂的研究，课程建设的深入推进让这所学校的教学质量稳步提升，社会

① 佚名．每所学校都有自己的课程体系［N］．中国教育报，2014－05－28．引用时有修改。

美誉度越来越高。

与这所学校一样，全区所有中小学都拥有凝聚着自己学校办学理念与理想的课程，如十三中的“树魂课程”、南京师范大学附属小学的“三色课程”、小营小学的“班本课程”、玄武高级中学的“风范教育课程”……虽然课程名称各不相同，但都体现了一个共同点，那就是更加关注人的发展，更加关注学校办学理念与课程的结合，更加关注国家课程与学校课程的有机整合，努力形成学校自己的课程体系。

导学材料二

“选课走班”：我们的实践与思考①

北京三十五中以培养“五有”人才为育人目标，即培养具有中国情怀和传统文化底蕴，具有国际视野和多元文化理解力，具有正义感和责任心，具有适应社会的能力，具有探究意识和实践能力的创新型人才。为实现“五有”人才的育人目标，学校建立了“五二八五”课程实施体系。第一个“五”是指建立“五制”教育教学实施与管理体系，即走班制、学部制、导师制、学分制、学长制；“二”是指共同基础通修课程和兴趣素质拓展选修（专修）课程两大课程类别；“八”是指八个课程领域，包括语言与文学、数学、自然科学与技术、创新素养、人文社会科学、艺术与美学、体育与健康、德育与综合实践活动；第二个“五”是指实施“五证”教育，即学生毕业时可同时获得高中毕业证书、诚信证书、志愿者经历证书、才艺证书、体育健身技能证书。三十五中提倡学生自主选择、自主发展、自我超越，争取为每一名学生的“全面扎实、个性发展”打牢基础，在赢得高考的同时，也为学生在“后高考”时期的可持续发展和未来的终身发展播下希望的种子，奠定其一生的基础，图 3－1 为中国科学院专家在给北京三十五中学生上低温超导课的现场情景。

【问题思考】

阅读上述两则导读材料，请思考为何每所学校都要树立不同的课程特色？通过了解上述两所学校的课程体系，以及你所知道的其他学校的情况，你能否总结出一所学校课程体系的基本组成？

---

① 佚名．“选课走班”：我们的实践与思考［N］．中国教育报，2014－05－28．引用时有修改。

图3－1　中国科学院专家在给北京三十五中学生上低温超导课

本章内容导图

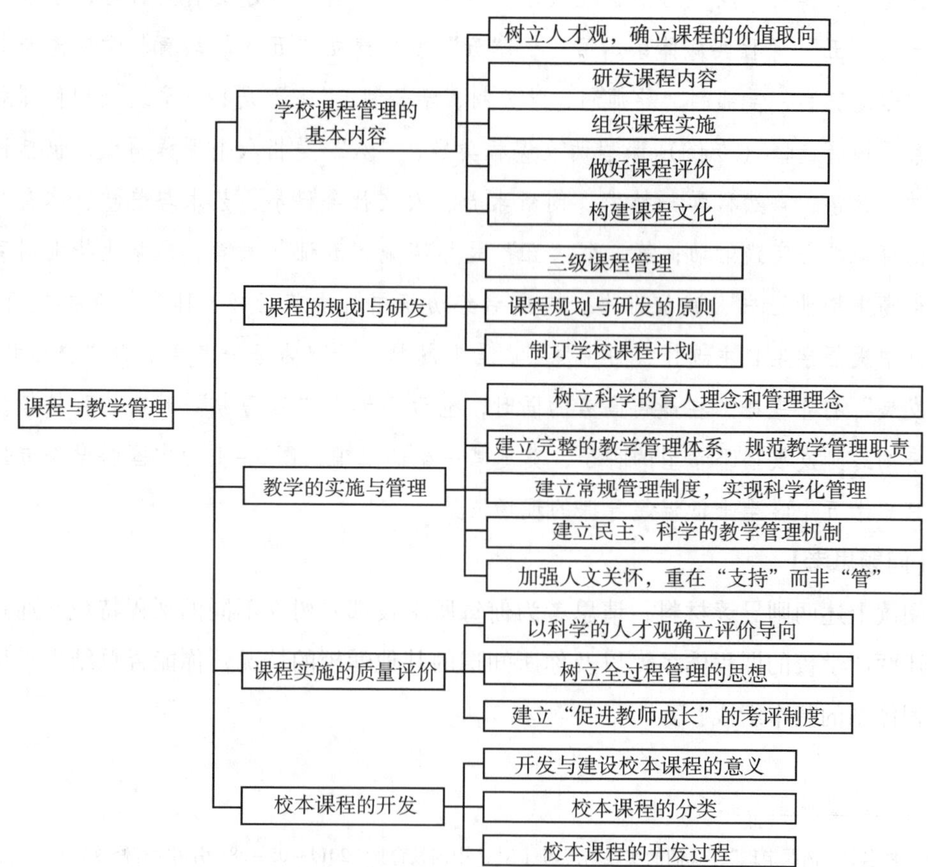

课程改革与变化是当前社会普遍关注的热点问题。课程是教育改革的核心和关键，是一所学校的核心竞争力，是学校为学生发展所做的规划蓝图。对学生而言，课程是他们成长的阶梯，是孕育能力的沃土。学校课程集中体现了一所学校的教育价值取向，直接影响学生的发展和教育质量的提高，而课程管理直接决定了课程实施的效果。

改革开放以来，我国的基础教育及其课程教材经历了40多年的改革和发展，取得了丰硕的成果，为提高国民素质和造就成千上万的人才做出了巨大的贡献。但是，经济和社会发展对基础教育改革提出了新的要求、赋予了新的使命，培养创新人才的呼声越来越高，课程改革正面临新的挑战。青少年学生的思想意识更加自主，价值追求更加多样，个性特点更加鲜明，受信息技术的影响也更大。这些变化和需求对学校的课程管理和改革提出了新的、更高的要求。

新一轮基础教育课程改革要求起点高、前瞻性强，它强调从根本上转变课程功能，重建新的课程结构、革新教学内容、变革学习方式、改革考试评价，建立国家、地方和学校三级课程管理体系。

一、学校课程管理的基本内容

课程是从人类文化总体中摘取出来的需要学生掌握的“文化集萃”。《教育大辞典》将“课程”定义为：①为实现学校教育目标而选择的教育内容的总和；②泛指课业的进程；③学科的同义词。[①] 目前，我国教育学界普遍认为，课程是指学校学生所应学习的学科总和及其进程和安排。

拉尔夫·泰勒（Ralph Tyler）在经典著作《课程与教学的基本原理》中对课程建构提出了四个问题：“学校应该达到哪些教育目标？提供哪些教育经验才能实现这些目标？怎样才能有效组织这些教育经验？我们怎样才能确定这些目标正在得到实现？”这四个问题正是学校课程与教学管理要回答的基本问题。在泰勒的课程理论中，课程主要包括四大部分：课程目标的制定、课程内容的选择、课程的实施、课程的评价。

结合当前我国新课程改革的要求，学校课程管理的基本内容主要包括以下五个方面。

① 顾明远．教育大辞典：第1卷［M］．上海：上海教育出版社，1990：257.

（一）树立人才观，确立课程的价值取向

树立人才观，确立课程的价值取向（课程目标），这是学校课程建设的“指南针”。学校应根据国家教育方针、政策和经济社会的发展趋势，树立科学的人才观，积极建构独特的、个性化的课程价值取向，确立学校人才培养的目标，并有效转化为校内全体教育者的共识。从国家层面，我们要培养德、智、体、美、劳全面发展的社会主义建设者和接班人，而各校又可以在此基础上确立具有自身教育特色的人才培养目标。例如，中国人民大学附属中学的培养目标为“全面发展+突出特长+创新精神+高尚品德”；成都市第七中学的培养目标为“全球视野，中国脊梁”；深圳中学的培养目标为“培养具有丰富生命力的人”；合肥一中的培养目标为“怀天下抱负，做未来主人”。

（二）研发课程内容

研发课程内容是学校课程建设的内核。课程内容要解决教什么的问题，主要是指各学科特定的事实、概念、原理、问题及其处理方式，是学习的对象。研发课程内容，就是学校从自身的办学传统、教育特色以及课程开发能力出发，科学规划课程愿景，开发学校课程资源，建立一套课程体系。

当前的新课程改革，提倡“课程目标整体性、课程结构多元性和课程教学差异性”的原则，强化课程标准意识，优化课程内容管理，追求“知识与技能、过程与方法、情感态度与价值观”的教学目标。例如，北京十一中学构建了一套包括分层课程、分类课程、综合课程和特需课程在内的可供学生选择的课程体系。

（三）组织课程实施

组织课程实施是学校课程管理的重心，是课程方案的具体执行过程。其主要包括：①管理教学、落实课程计划，包括协调整合课程、检查与评价教学、监控学生的学习情况；②提升学校学习氛围，建立奖励制度来提升学术风气及学习热情，建立师生都

能理解的明确的标准，保障教学时间①。

课程实施过程，不仅涉及课程方案的落实，还需要学校和教师按照实际情况对课程进行调试以满足学生实际需求。

（四）做好课程评价

课程评价是对课程计划及其实施效果的评价，是课程管理的根本保障。课程评价涉及评价目的、评价过程、评价方法、评价手段、评价内容、评价结果的处理等多个方面。从模式上看，主要有目标评价、目标游离评价、CIPP 评价②、外观评价和差距评价等多种模式。

课程评价对课程实施起着导向、激励和监控作用。学校应树立“立足过程，促进发展”的评价理念，坚持“以人为本”的科学发展观，建立和完善课程评价，促进教师和学生的发展，提高学校的自我发展能力。

（五）构建课程文化

课程文化是文化在学校教育领域中的一种创生。课程目标就是特定的文化价值观在课程领域的具体化和操作化。构建课程文化的目标为：学校课程不仅要向学生传授基础知识和基本技能，而且要向他们提供一种理解现实社会、构建理想生活和美好未来的价值观念。例如，在进入 21 世纪之后，世界各国强调对学生 21 世纪技能的培养；随着新科技革命的深入，又强调 STEM 教育③、人工智能教育等。美国 STEM 教育排名第一的高科技高中（High Technology High School），强调数学、科学、技术和人文学科之间的联系，以工程为中心，与家长、企业、工业和大学一起形成了一个一体化的社区，培养科技领域未来的领导者。课程文化的构建，是建立在课程的文化价值取向和系统的课程体系基础之上的。

---

① Stronge J H. The Elementary School Principalship：A Position in Transition？[J]. Principal，1988，67（5）：32－33.

② 背景评价（Context Evaluation）、输入评价（Input Evaluation）、过程评价（Process Evaluation）、结果评价（Product Evaluation）构成了 CIPP 评价模式。

③ STEM 是一种科学（Science）、技术（Technology）、工程（Engineering）和数学（Mathematics）结合的跨学科综合教育。

课程文化包括三方面：课程物质文化、课程制度文化和课程精神文化。前两方面是课程文化的外层，后一方面是课程文化的内核。课程文化不只表现为课程意识、课程思想、课程价值等内隐的意识形态，还表现为进程中所创造的课程制度、课程政策等外显的制度化形态。

课程文化是课程管理的归宿和落脚点。学校课程的有效实施必须以文化建设为终极目标，因为课程文化的形成需要艰辛的沉淀和积累，并在沉淀和积累的过程中形成鲜明的特色。学校应积极引导全校成员构建学校课程文化，激励全体成员产生一种自觉和内驱力，构建以人为本、团结合作、主动发展和务实创新的课程文化。

二、课程的规划与研发

对国家宏观教育管理来说，课程规划是根据教育目的和不同类型学校的教育任务，教育主管部门制定的有关学校教育教学工作的指导性文件，体现了国家对学校管理的统一要求，是组织学校活动的基本纲领和重要依据。对学校来说，课程规划是课程设置的整体规划，它对学校的教学、生产劳动、课外活动等做出全面安排，具体规定学校应设置的学科、学科开设的顺序及课时分配，并对学期、常年、假期进行划分。

（一）三级课程管理

长期以来，我国一直采用国家统一的课程管理模式，全国中小学基本上沿用一个课程标准[①]、一个教学计划，缺乏灵活性和多样性，不能满足不同地区教育和学生发展的需要。20 世纪 80 年代末和 90 年代初，我国课程改革的步伐日益加快，1996 年，原国家教委组织编制的《全日制普通高级中学课程计划（试验修订稿）》规定，学校应该“合理设置本学校的任选课和活动课”。2001 年教育部印发的《基础教育课程改革纲要（试行）》（教基〔2001〕17 号）明确提出，为保障和促进课程适应

① 课程标准是国家课程的基本纲领性文件，它规定了不同阶段学生在知识与技能、过程与方法、情感态度与价值观等方面所应达到的基本要求，规定了各门课程的性质、目标、内容框架，提出教学和评价的建议。课程标准是教材编写、教学、评估和考试命题的依据，是国家对基础教育课程的基本规范和质量要求。

不同地区、学校和学生的要求，实行国家、地方和校本三级课程管理。近年来，课程多样化的趋势进一步加快，针对新一轮基础教育课程改革，国家根据教育目标规划课程计划，按照课程计划制定必修课的课程标准，把选修课的决策权交给地方和学校，并颁发了与之相配套的《地方课程管理指南》，旨在建立自上而下和自下而上相结合的管理体系。

一是国家课程管理，由教育部主管。国家课程负责制定国家课程政策，决策重大课程改革；制订指导性课程计划；制定必修科目的国家课程标准（包括教学标准、评价标准）；审查并向全国推荐学科教材；指导、检查地方课程管理工作；审批地方重大课程改革试验；制定升学考试制度，指导升学考试的实施；确定某些课程管理权限的下放。

二是地方课程管理，省、市级教育行政部门依据当地的政治、经济、文化、民族等发展需要，确定本省、市执行的课程计划和必修科目课程标准。地方课程负责制定本省、市课程改革方案，报教育部审批；审批县级以上教育行政部门组织编写的选修课教材、乡土教材；审查省、市编写的教材（包括经批准编写的、在相应行政辖区内使用的教材）；指导市（地）、县（市、区）教委选用教材；指导、检查各地课程管理工作；确定中考实施办法，指导考试工作；确定某些课程管理权限的下放。

三是校本课程管理，学校依据党的教育方针、国家或地方的课程计划，充分利用学校与社区教育资源，并针对学校实际确定本校必修科目的实际课程标准；确定选修教材的编写、选用；开发活动课程；制定重大课程改革方案，报上级教育行政部门审批；进行课程实施的管理。学校和教师是学校课程开发和决策的主体。

三级课程管理框架下，国家课程的比例通常要占到80%甚至更多，地方课程和校本课程一般不会超过20%。三级课程管理政策，既体现了国家对课程建设的基本要求，又为各地自主开发课程资源留有空间，使课程具有多层次满足社会发展和学生需求的能力。三级课程管理框架下，学校获得了前所未有的课程权力和课程责任，使每所学校构建自己特色的课程体系成为可能，学校的课程规划也变得越发重要。

（二）课程规划与研发的原则

课程规划与研发具有以下原则：

一是以学生发展为根本出发点。新课程的核心理念是以全体学生的发展为本。学校的课程要在培养学生形成公民基本素养的基础上，帮助他们发展成具有不同优势和才华的人。课程要尊重学生的身心发展规律，允许学生的发展差异，挖掘学生的潜能。课程要基于知识又要超越知识，要通过知识、活动、实践的有机组合为学生全面发展提供必要的教育影响。课程在内容、学习形式、评价方式上都要做到多元化。

二是基于相关政策。学校课程建设具有很强的政策制约性，必须在国家政策允许的范围之内进行建设。学校制订课程计划时，应对国家课程标准、地方标准、学校评价标准等进行研究和理解。

三是基于学校实际。学校课程建设不能完全沿用国家或地方的课程方案，也不能照搬其他学校的课程建设，必须立足于本校实际，建立在学校的愿景和使命、课程传统、师资情况和学生课程需求的基础之上。

四是基于民主对话。学校课程建设是民主决策的结果，必须以广泛的对话为基础，需要学校领导、教师、学生及家长、社区人士、专家等进行广泛、深入的对话。

（三）制订学校课程计划

制订学校课程计划是对本校实施的所有课程的设计、实施与评价的整体规划，是课程管理的第一个环节。学校课程建设的主要内容包括两方面：一是国家课程和地方课程的校本化实施，二是校本课程的开发与实施。

为保证质量，学校的课程规划要遵循规范化的流程，如表3－1所示。

表3－1　学校课程规划的流程

计划阶段	设计阶段	发展阶段
a. 成立组织 b. 拟订计划 c. 分析需求	a. 确立课程目标 b. 确定课程类型 c. 设计课程框架	a. 研讨课程标准 b. 选择课程内容 c. 编写教材 d. 开发课程资源

第一阶段是计划阶段，包括成立组织、拟订计划和分析需求。开发和实施学校课程，既有决策问题，又有执行问题，需要做大量的研究和管理工作。为此学校需要一个专门的团队来做这个事情，建立有效的课程建设领导力。这个团队不仅应该包括学校领导、学校教学等相关负责人，还需要教师和家长的参与。有些学校如果处于开拓

创新的课程改革阶段，还需寻求外部的专业研究机构的支持，如大学、教育研究所等。学校成立组织后，即可拟订计划，并开展需求分析，包括学校发展需求、学生发展需求和校内外可以利用的课程资源情况等。

第二阶段是设计阶段，包括确立课程目标、确定课程类型、设计课程框架。学校课程建设领导小组根据办学目标，确定本校课程开发的原则和总体规划，并提出课程开发领域，确定课程目录。在设计阶段，可以采取自上而下和自下而上的双向建构模式，即一方面学校制定的课程要按国家出台的课程标准确保质量；另一方面要鼓励教师从学校和学生的实际出发建构课程，关注学生的发展潜质，使每个学生有更多元的发展机会，使个性化发展具有更多的选择性，由此形成学校的课程特色。图 3 – 2 是北京十一学校的课程体系，可以看出学生的个性化选择是比较丰富的。

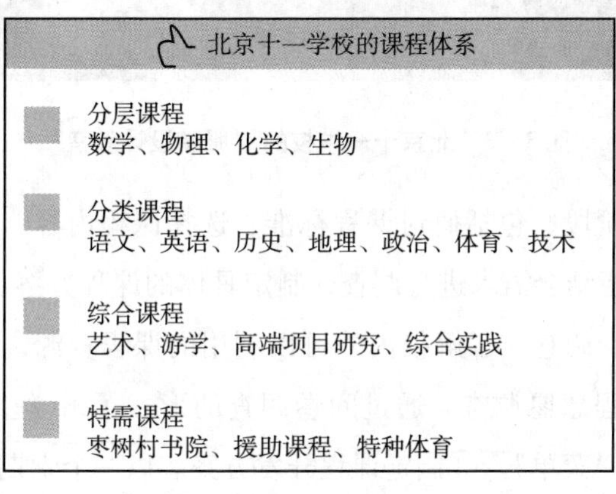

图 3 – 2　北京十一学校的课程体系

拓展阅读

北京十一学校“走班选课制”

北京十一学校实行的是走班选课制，教师办公区就在教室里。例如，生物老师可以把自己的教室装点成生物博物馆。全校 4 000 多名学生约有 850 门课程可选。作为公共的体育、艺术、技术，每类都有几十门可选课程模块。图 3 – 3 是北京十一学校的“服装设计教室”。

图 3－3　北京十一学校的“服装设计教室”

第三阶段是发展阶段，包括研讨课程标准、选择课程内容、编写教材、开发课程资源。这个阶段主要指结合需求进行调查，制定具体的课程方案。具体操作流程包括：①学校课程资源调查。调查、了解校内外可以利用的课程资源，了解其他学校的课程建设动态。②学生课程意愿调查。通过问卷调查的形式了解学生的兴趣及学习方向，形成校本课程的开发“菜单”。③制定课程开发方案。以一个学期为一个周期制定课程开发方案，内容包括课程指导思想、课程目标、师资、课程组织与实施、课程评价等，形成学期课表。

一般来说，学校课程建设方案的框架和要点包括：学校的使命与愿景（培养学生的核心素养、办学定位），办学理念与课程哲学，课程设计思路与课程架构，课程领域的开发与课程管理，学与教方式的变革，课程学习环境创设（教室环境、校园环境、非正式教育环境），课程资源库建设，教师专业发展与校本研训工作，与能发挥教育职能的校外伙伴机构合作的课程建设、课程创新与特色。

在新课程大背景下，学校具有较大的课程自主权，但这并不意味着学校上级的地方教育管理部门可以放手不管。对于地方教育管理部门来说，还需要建立地方一级的课程审议机制，组建课程委员会，定期对所辖学校的课程规划方案进行集体审议，并反馈审议意见。只有这样，学校课程规划的质量才能得到有效保障。

案例一

清华大学附属小学："1+X课程"介绍[①]

"1+X课程"是清华大学附属小学（简称清华附小）办学最重要的载体，是学校所有工作最终的物化体现，是学校师生研究能力与学术水平最有力的证物，也是学校的核心竞争力所在。为此，学校从课程目标、课程结构、课程内容、课时安排等多个维度研究了"1+X课程"的内涵。

（一）课程目标

有目标，就有抵达彼岸的那一天。

学校课程的育人目标，决定了学校课程的发展方向。"为聪慧与高尚的人生奠基"的办学理念是人生的终极目标，而其在小学阶段应当表现为什么呢？我们经过对学生、家长调研，确定学生培养的三个关键价值取向："健康、阳光、乐学。"根据清华附小学生的实际，以及国家、地方、校本三级课程的要求，我们与家长一道将学生的核心素养具体化为"十个一"的培养目标：

一流好人格；一身好体魄；一生好习惯；一个好兴趣；一种好思维；

一手好汉字；一副好口才；一篇好文章；一项好才艺；一门好外语。

前"五个一"是每个学生必须具备的基础目标；后"五个一"中，不同的学生可以有所侧重，是个性化的发展目标，并允许学生自我设定特殊的发展目标。"十个一"共同落实了小学阶段学生"健康、阳光、乐学"的价值取向，为今后发展实现奠基。

（二）课程结构

结构决定品质。

为了使我们的学生，不仅能达到甚至高于国家课程标准中的各项要求，而且使个性化发展需求得到充分满足，我们界定了核心概念，提出了"1+X课程"的结构。

"1"是指整合后的国家基础性课程。该课程内容体现了"用教材教而不是教教材"的思想，既落实了国家规定的基础性课程，又超越了教材。

① 清华大学附属小学．"1+X课程"介绍［EB/OL］．［2021-09-03］．http：//www.qhfx.edu.cn/html/course.

“X”是指个性化发展的拓展性课程。形成既遵循学生在基础教育阶段的普遍认知特点，又体现“清华烙印”的校本课程及个性化拓展性课程。

“+”不是简单的加法，而是促进“1”与“X”相辅相成，达成“1”和“X”的平衡或增量或变量。

“1+X课程”中的“1”与“X”追求黄金分割比例。一方面强调基础，整合后的国家基础性课程要占到总课程的一半以上，即接近总课程的70%；另一方面依据学生的实际需求调整这一比例，使之保持一种动态的平衡。“1”与“X”相结合，共同达成学校“十个一”的培养目标。

（三）课程内容

清华附小根据学科特点，将原有国家课程中的各个学科分类整合，形成四大门类，即品德与健康、语言与阅读、科学与技术、艺术与审美。

品德与健康：整合品德与生活，品德与社会、体育、健康教育，强调这几门学科教学的目的，不是习得多少知识、训练多少技能，而是共同提升学生的心理与身体健康水平。

语言与阅读：整合语文与英语，强调语言类学科要以阅读带动言语的习得。突出汉语母语与英语的双语阅读，尤其要加大阅读量，努力创造最宜读的书香校园。

科学与技术：整合数学、科学、信息、综合实践，重点体现这一类学科在实践、创新方面的优势。

艺术与审美：整合美术、音乐、书法，强调这一类学科学习的目的是提高审美品位。

四大领域的划分，并不是砍掉学科课程，而是依据学科属性，体现课程理念及课程目标的转变，在领域命名中充分体现学科共有的价值取向，从而使教学内容具有差异的学科走向“共和”。同时在每个门类当中，既要办好必修的基础性课程，又要办好拓展性课程。拓展性课程分设必修和选修，以满足不同学生成长的需要。

（四）课时安排

为了适应整合、改革后的课程内容，学校在保证课时总量不变的前提下，将原来固定的每节课40分钟，变为长短不一的大、小课时。

“基础课时”35分钟，主要安排数学、英语、体育等学科，这些学科减少5分钟的教学时间，有助于缓解学生上课的疲劳感，同时要求教师必须带领学生精学、精练。

“大课时”60分钟，主要安排语文、美术、书法、音乐、科学等学科。这些学科当中，有些需要长时间的情境营造、情感酝酿，如语文；有些需要长时间地进行实践探究活动，如美术、科学等。这些课程按照原有的课时安排40分钟的时间，人为地割裂了学生的情感体验和研究过程，使教学内容显得支离破碎。调整后的大课时使学生能够更好地运用自主、合作、探究的学习方式开展学习。

“小课时”10分钟或15分钟，比如每天清晨10分钟的晨诵，每天中午15分钟的习字等，使这些零散的时间也能够作用于学生发展。

“大课间”50分钟，每天上下午各一次，集中时间供学生加餐、做眼睛保健操、开展各种体育健身活动等。

根据学科与教学内容的不同安排课时，长短课时交错、张弛有度，时间安排更趋于合理，学生学习也更加轻松。

三、教学的实施与管理

课程建设方案最终要通过课程的教学实施才能达到育人的目的。教学的实施与管理工作主要是对教学过程和教学质量的管理，是学校最基础、最中心的管理工作，是学校办学质量的生命线。其涉及的管理环节较多，包括教师备课、作业布置、考试命题、教研活动、教学检查与评估等。

每个学校有不同的课程教学面貌，这与学校所执行的课程与教学管理制度有关。学校教学管理制度是一个杠杆，对课程的实施具有重要的导向和制约作用。教学模式、教学方式能否产生积极主动的变化，从某种程度上来说，要看学校能否实现管理机制的优化和不断创新，因为制度往往是事物能否得以充分发展的根本所在。

（一）树立科学的育人理念和管理理念

学校管理者若没有树立正确的教师观、学生观、学习观、评价观，在教学管理方面就容易偏离正确的方向。因此，要提高中小学教学管理的有效性，管理者首先要树立科学的育人理念和管理理念，学习科学管理理论。具体来说，树立科学、合理的管理理念需要重点关注以下四个方面：①教学管理要由重行政管理控制向重“人本”激励转变，管理者要尊重教师、学生，关心教师、学生，营造民主和谐、人和政通的管理氛围；②要由重经验性管理向重创造性管理转变，重视管理上的创新；③要由封闭管理向开放管理转变，增强学校与社会、家庭以及其他学校之间的互动；④要由只重视教师“教”向重视学生“学”转变，做到在目标设定、教学过程、课程评价和教学资源的开发等方面都突出以学生为主体的思想。

（二）建立完整的教学管理体系，规范教学管理职责

建立完整的教学管理体系，是学校有效教学的基础保证。其主要涉及人、机构、制度等三方面。

关于人，有管理者——校长及各级管理者，还有被管理者——教师和学生。在教学管理的过程中要注意协调好管理者和被管理者之间的关系，避免矛盾的产生。机构包括管理的决策机构和执行机构。教学管理者要注重各组织机构之间协调一致、和谐互动、层次分明、职责明确，形成决策指导、落实执行、监督评估和融合共享的有效管理系统。关于制度，教学管理离不开教学管理制度的建设，该建设被称为“教学基本建设”，是保证教学质量最重要的基础性建设。

（三）建立常规管理制度，实现科学化管理

教学管理制度就是保障教学系统有效运行的组织形式和行为规范，是规范教学行为，实现管理规范化、科学化的基本前提。教学管理制度主要有两类[①]：一类是教师教学工作制度，包括教师岗位责任制度、工作量制度、备课制度、考试制度、教学质量评估制度、教研科研制度等；另一类是学生学习制度，包括课堂常规、作业制度、奖惩制度、升留级制度。教学管理者要注重对制度进行不断更新以适应学校的发展。此外，在运用制度规范学校管理的同时，也要注意结合“人性化”管理。教学管理者在设计制度时，既要考虑制度的完整、规范、科学、封闭，还要考虑教师的可接受心理、学校发展的实际，教学管理制度的设计和实施要做到“以人为本，刚柔并济”。

① 程志龙．现代学校管理学［M］．长春：吉林大学出版社，2011：169－170.

拓展阅读

制度携手人文[①]

我们始终把“以人为本，制度治校”作为我们的管理思想，“以人为本，制度治校”成为我校的立校之本、治校之基。制度的刚性不容损害，我们一方面要强调保持制度的权威性，另一方面要注重对教职工的人文关怀。我要求包括自己在内的每一个管理者，学会正确舞动“制度”与“人文”的双色飘带，注意工作程序的透明化，必须争取大多数教师对学校工作的认同与支持。对违反学校制度的教职工，要交流在先、惩处在后。在惩罚处理时，必须动之以情、晓之以理，做好这些同志的思想工作。不搞“不教而诛”、全盘否定，做到就事论事，“不连坐”“不翻后账”，消除他们的心理症结。我要求每一个管理者注重对教师的“多维评价”“不以一眚掩大德”，多留意教师的优点与进步，注意呵护教师的自尊心，提高教师的工作热情，让他们时刻感受到来自学校的理解与尊重、时刻保持积极的工作状态。

（四）建立民主、科学的教学管理机制

我国在逐步实现国家、地方和学校三级课程管理的过程中，将课程管理权力逐步下放，转向实行权力分享、责任分担，逐步建立适应新的课程政策的学校课程管理体制。这就要求：①实现学校内部课程管理分权，将课程管理权力适当下放，由教学一线的教师自行解决；②减少学校课程管理的中间层次，使课程管理结构灵活、敏捷，信息传递速度加快，决策有效执行。

在教学管理中，要健全由教师、学生、家长、教育专家或社会知名人士组成的教代会制度，鼓励广大教师参与教学管理，建立民主、科学的教学管理机制。各项规章制度的制定都要通过民主协商的方式和程序，由此形成一种民主管理的制度文化。要树立以人为本的教学理念，充分发扬民主精神，调动教师和学生在教学管理中的主动

① 秦海地．规矩方圆 刚中有柔——我的“校长管理心语”系列之制度篇［N］．中国教育报，2010－12－18．引用时有修改。

性与积极性，促进管理的人性化，从而给教师和学生的教学创建更多的自由空间，让他们在工作中能够更加具有动力、更好地进行教学创新。

（五）加强人文关怀，重在“支持”而非“管”

学校在管理科学化、规范化、制度化的基础上，还要关心教师的实际需求，所谓“靠制度管理聚力，靠人文关怀凝神”。

教学管理的最终目的是促进学校教学工作的正常进行，达到育人的目的，而不是为了管人。教学是一项富有创造性的复杂活动，教师只有处于一个支持性的学校环境中，才有可能以最好的状态投入教学过程。在开展教学管理工作时，如果把教师当作“被管理者”，在不与他们进行协商的前提下对他们进行各种管束，提出各种要求，那么教师将感受不到被尊重和基本的自由，就会呈现出消极的工作状态，如下面的案例所示，对教师的不尊重只会让管理者坐“冷板凳”。美国心理学家卡尔·兰塞姆·罗杰斯（Carl Ransom Rogers）提出，有利于创造活动的一般条件是心理的安全和心理的自由，和谐、宽容、自由的氛围，能够最大限度地发挥人在自由创造方面的才能。教师创新需要制度环境的支持，要有锻造创新人才所需要的、适宜的“炉温”。人性化管理不是超越制度的管理，只是在管理过程中，更加关注个体的价值、需求和情感，在管理的每一个环节，都坚持以人为本，关注教师的需求和发展。

案例讨论

校长、主任们为何在抽查听课时坐了“冷板凳”

本学年，李校长被调到镇东初中任校长。该校规模不算太大，生源基础参差不齐，师资业务素质总体水平不高，教学质量始终上不去，学生家长普遍反映这一问题，领导也有意见。

李校长上任一周后，召开了学校领导班子工作会议。会上，他谈了对提高教学质量的初步设想：“要提高质量，摘掉落后帽子，就必须加强教学管理，狠抓教学工作各个环节的检查，尤其是课堂教学的检查，因为这是提高教学质量的关键。我想通过经常性突击听课，促使教师钻研教材，改进教法，提高授课水平，向45分钟要质量。过去，我们学校领导没有重视这项工作，致使少数责任心不强的教师混课甚至旷课，这是突出的薄弱环节。因此，我提议从明天起，校长、主任按自己所学专业，分学科到班级随时听课，事先一律不与教师打招呼，希望大家不要走漏风声。”

会议后的第二天，校长、主任们根据原定方案，分别到班级进行不打招呼的听课。第一天听课后，领导班子召开了汇报会。会上，有的人说：“这次不打招呼的听课，确实发现了不少问题，有的教师未备课，就是读读书，有的新教师根本就不会讲课。”有的人说：“这次听课也发现了不少教师授课能力强、水平高，以后要注意重点培养这样的教师。”还有的人说：“这样的听课今后每过一段时间听一次，是很有好处的。”当然也有一部分干部提出疑问，认为这种听课方式不够妥当，对教师不够尊重，容易造成逆反心理。

虽说有不同意见，但第二天学校领导仍按事先分工，继续进行这项未完成的工作，不料情况与前一天截然不同。这位教师说：“我这堂课主要是让学生做作业。”那位教师说：“我这堂课主要是让学生背书。”一句话，就是不愿让领导听不打招呼的课。可想而知，这一次校长、主任们真的坐“冷板凳”了。

这样的听课已无法继续下去了。对于教师的不满、明里暗里的软抵抗行动，李校长耳闻目睹。面对这意想不到的情况，他陷入了沉思。

问题思考：

请结合学校管理学中学校管理者的角色和教学管理理论对该案例进行讨论与分析。

四、课程实施的质量评价

课程评价对学校教学质量起着激励导向和质量监控的作用。如果说，学校的人才观、培养目标是看不见的蓝图，那么课程评价就是师生可以看得见的风向标。追求办学质量和卓越发展的学校，无一例外都会有一套符合本校实际的内部监控和评价机制。通过评价，可以把握学校工作现状，分析优势和问题，实现自我调整；也可以通过阶段性学生的学习结果，检验课程体系的有效性。是否建立内部的课程监控与评价机制，可以说是一所学校管理工作是否成熟的标志之一，是学校发挥办学自主权的重要体现。

课程监控与评价的具体方法可以多种多样，不少学校在课程考试、听课制度、教学督导、教学信息员制度等方面已经建立起一套成熟的运行机制。但无论采用何种方法，学校都要把握好课程评估的主要思想和导向。一旦评估导向出了问题，教学实践将会整体“偏航”。

（一）以科学的人才观确立评价导向

在学生评价方面，以科学的人才观确立评价导向。新课程标准注重检测学生在知识与技能、过程与方法、情感态度与价值观三个维度的整体发展水平，注重学生的体验和经历，强调学生创新精神和实践能力的形成和表现。学校的课程评价要与此保持一致，关注学生的全面发展；不仅要关注对学生知识掌握程度的考查，还要关注对学生身体素质、问题解决能力、创新能力、合作能力、情感态度、公民意识与责任等方面的培养情况；不仅要重视对学习结果的评价，还要重视对学习过程的评价。要面向所有学生、促进所有学生的发展，不能忽视学习成绩落后的学生，尤其要杜绝“按分数排座位”这种只看成绩的做法。

（二）树立全过程管理的思想

在教学评估过程方面，教学过程的每一个环节都需要评估。要对每一个环节提出具体、明确的要求，采取相应的管理措施，而不要只在最后的考试环节进行质量管理。重视对过程的质量监控，是有效监控和评估的保证。

实现对全过程的质量管理，需要建立评价标准，让全校员工明确具体的努力方向；还需要做好日常教学检查，组织学校课程教学研究。学校主要通过组织课程教学研究课、任课教师讨论会进行教学交流和探讨，通过听课、召开学生座谈会、问卷调查、设立教学信息员等形式进行教学检查。在教研和检查的基础上，由学校及时研究、调整设课计划，修订教学内容和要求。

学校可以为教师提供一些管理工具，支持教师进行过程性的教学反思与评价，如表3－2所示。

表 3－2　教师周期性自查量表

评价内容	优势	不足	改进意见
备课			
课堂教学			
布置作业			
对学生的评价			
反省和计划性			

（三）建立“促进教师成长”的考评制度

教师评价方面，学校在制定教师的考评内容和标准时，要体现新课程的精神，反映教师创造性劳动的性质和角色转换的要求以及教学改革的方向；要根据监控的信息予以适当奖惩，尤其要多采用多激励少惩戒的方式；要注重发挥评价对教师的激励和引导功能。

学校对教师提出工作意见时，应在了解教师的个人发展需求、尊重教师个性和个人价值的前提下，用清楚、简练的术语来描述对教师改进的要求，而不是对教师进行空泛的议论，应与教师一起制定、分析其发展方向和目标。

北京景山学校课堂教学评价方案

随着新课程标准的学习，要想真正实现素质教育进入课堂，必须从三个维度，即知识与能力，过程与方法，情感、态度与价值观去确定新的评价方法，使课堂真正实现以学生发展为本。

1. 课堂评价方案的方法

（1）量化方法与非量化方法相结合。

（2）以学段（1－3）（4－6）（7－9）及各学科建立评价纲目及具体内容。

（3）确定可测量项目的权重分配，以积分分配。

2. 课堂评价的原则

课堂评价的原则，以新课程观的三个支点，即知识与能力，过程与方法，情感、态度与价值观为依据。

（1）强调教为主导和学为主体的统一。

（2）创设生动、活泼、主动的课堂氛围。

（3）关注每一位学生的发展。

（4）加强探究性、实践性、创新性。

（5）渗透辩证唯物主义、历史唯物主义的教育。

3. 课堂评价细则

遵循常规教学过程中的引入、推导、分析、应用和小结5个环节拟定课堂教学评价标准。

（1）在引入上，看教师的教学设计、备课和课堂实施是否最大限度地贴近了生活实际与需求，范例选择是否恰当，对学生学习动机激发的程度，是否最大限度地引起学生的求知欲望和进一步学习的心态。

（2）在推导上，看教师在实施过程中是否体现了主体性教学原则，在揭示新规律的过程中，是否根据学生的实际情况，转化成了不同层次，创设了不同情境；是否形成了使学生一步一思考一飞跃的参与过程，展现了一定的知识形成的学习方法。

（3）在分析上，看教师的语言是否简练、规范，课堂气氛是否和谐，是否恰当地使用了弹性教学原则，教态是否从容不迫，教师是否能对学生的错误思维分析得淋漓尽致，教师能否恰当、有效地运用信息技术，提高课堂教学效果。

（4）在应用上，看教师反馈设计程序是否科学，题目选择是否具有代表性，涵盖知识程度的题目是否进行了精选，能否达到使学生在巩固知识的基础上又得以必要的思维升华。

（5）在小结上，看在教师的主导作用下，学生是否能将所学的知识进行系统化、结构化、条理化的小结，是否能达到“纲举目张”的效果，体现“由厚到薄”的质的飞跃。

北京景山学校×年级×学科课堂教学评价表如表3－3所示。

表 3－3　北京景山学校×年级×学科课堂教学评价表

______年级______班　课题：____________________

时间：______年______月______日　　第______节　　　执教者：________

评价人：________

<table>
<tr><th rowspan="2">评价项目</th><th rowspan="2" colspan="2">评价内容</th><th rowspan="2">权重</th><th colspan="4">评价等级</th><th rowspan="2">小计分</th></tr>
<tr><th>优（5）</th><th>良（4）</th><th>中（3）</th><th>差（2）</th></tr>
<tr><td rowspan="5">教学目标内容（25）</td><td colspan="2">教育目标体现新课程标准要求</td><td>5</td><td></td><td></td><td></td><td></td><td></td></tr>
<tr><td colspan="2">教学目标明确、具体、全面、适当</td><td>5</td><td></td><td></td><td></td><td></td><td></td></tr>
<tr><td colspan="2">教学目标切合学生实际，能激发学生学习兴趣</td><td>5</td><td></td><td></td><td></td><td></td><td></td></tr>
<tr><td colspan="2">知识结构严谨，层次分明，思想性强</td><td>5</td><td></td><td></td><td></td><td></td><td></td></tr>
<tr><td colspan="2">学科特点</td><td>5</td><td></td><td></td><td></td><td></td><td></td></tr>
<tr><td rowspan="11">教学过程方法（30）</td><td rowspan="2">引入</td><td>范例选择贴近学生生活</td><td rowspan="2">5</td><td rowspan="2"></td><td rowspan="2"></td><td rowspan="2"></td><td rowspan="2"></td><td rowspan="2"></td></tr>
<tr><td>范例引起学生求知欲</td></tr>
<tr><td rowspan="2">推导</td><td>体现学生主体性、发展性</td><td rowspan="2">5</td><td rowspan="2"></td><td rowspan="2"></td><td rowspan="2"></td><td rowspan="2"></td><td rowspan="2"></td></tr>
<tr><td>体现探究性、创新性和层次性</td></tr>
<tr><td rowspan="4">分析</td><td>语言简练</td><td rowspan="2">5</td><td rowspan="2"></td><td rowspan="2"></td><td rowspan="2"></td><td rowspan="2"></td><td rowspan="2"></td></tr>
<tr><td>课堂气氛民主、和谐</td></tr>
<tr><td>体现弹性教学原则</td><td rowspan="2">5</td><td rowspan="2"></td><td rowspan="2"></td><td rowspan="2"></td><td rowspan="2"></td><td rowspan="2"></td></tr>
<tr><td>学生思维分析的科学性</td></tr>
<tr><td rowspan="2">应用</td><td>题目选择具有代表性</td><td rowspan="2">5</td><td rowspan="2"></td><td rowspan="2"></td><td rowspan="2"></td><td rowspan="2"></td><td rowspan="2"></td></tr>
<tr><td>学生得到思维升华</td></tr>
<tr><td>小结</td><td>系统化、结构化和条理化</td><td>5</td><td></td><td></td><td></td><td></td><td></td></tr>
<tr><td rowspan="3">教师素养能力（15）</td><td colspan="2">教学功底扎实，表达能力强（语言和板书）</td><td>5</td><td></td><td></td><td></td><td></td><td></td></tr>
<tr><td colspan="2">具有教学机智，反馈、调节及时、全面、有效</td><td>5</td><td></td><td></td><td></td><td></td><td></td></tr>
<tr><td colspan="2">教学态度亲和</td><td>5</td><td></td><td></td><td></td><td></td><td></td></tr>
</table>

续表

评价项目	评价内容	权重	评价等级				小计分
			优（5）	良（4）	中（3）	差（2）	
教学实际效果（20）	教学目标（知识、能力、情感）的达成状况	5					
	课堂气氛、学生兴趣与参与教学的状况	5					
	学生的反映与评价	5					
	课内外检测情况	5					
现代教育技术使用（10）	与学科整合得当	5					
	课件设计合理	5					
评语与建议			总评等级			总评得分	

“评语与建议”一栏须写清该课的：①主要优点和特色；②主要缺点和不足；③今后的教学建议。

五、校本课程的开发

校本课程是国家课程计划中一项不可或缺的组成部分。校本课程能够体现一所学校的办学理念、办学特色和课程资源。

（一）开发与建设校本课程的意义

开发与建设校本课程的意义主要体现在以下三个方面。

首先，从教育发展的层面来看，校本课程允许学校根据具体情况经常进行评估、修改课程，能在一定程度上解决“理想课程”和“现实课程”的差异问题，有利于课程向均衡性、综合性、选择性方向发展，使教育体现出时代感。

其次，从学校发展和教师发展的层面来看，校本课程有利于学校办出特色、培养师资。学校可以集中学校和社区教育资源中某些方面的优势，形成自己的特色课程。

实践证明，校本课程开发是提高教师专业水平和创新能力的一条有效途径。校本课程有利于调动教师创建课程的积极性，有利于教师专业特长的发挥和教学创造性的发挥。

最后，从学生发展的层面来看，校本课程的开发主体是学校和教师，他们最了解学生的知识、能力和兴趣。他们开发的课程更具有实践性、综合性、可选择性，贴近学生的生活，最易被学生认可和接受，有利于实施素质教育，促使学生全面发展、自主发展和个性发展。

（二）校本课程的分类

校本课程主要分为两类：一类是使国家课程和地方课程校本化、个性化，即学校和教师通过选择、改编、整合、补充、拓展等方式，对国家课程和地方课程进行再加工、再创造，使之更加符合学生、学校的特点和需要；另一类是学校设计开发新的课程，即学校在对该校学生的需求进行科学评估，并充分考虑当地社区和学校课程资源的基础上，以学校和教师为主体，开发旨在发展学生个性特长的、多样的、可供学生选择的课程。

根据教育部2001年发布的《义务教育课程设置实验方案》（教基〔2001〕28号），地方与学校课程的课时和综合实践活动的课时共占总课时的16%～20%。自课程改革实施以来，国家课程、地方课程、校本课程三级课程管理体系逐步完善，特别是近几年来校本课程越来越丰富多彩，涵盖了知识拓展类、兴趣特长类、职业技能类、社会实践类等内容。

（三）校本课程的开发过程

校本课程的开发过程一般包括以下几个方面。

1. 确立校本课程开发管理制度和教学管理制度

成立校本课程开发领导小组，为校本课程开发提供组织保障和领导保障，制定校本课程开发流程，明确各个环节的详细要求，包括选题、调研、样课开发、课程开发、评审等。与此同时，制定校本课程实施管理制度。

2. 进行前期论证

任何一门校本课程开发之前都要经过前期论证，最终形成包括课程纲要在内的论证报告。论证主要从四个方面进行：①学校的条件，包括经费、硬件环境、师资条件、周围可利用的学习资源。②对课程内容的论证，主要应考虑以下因素，一是学生的发展需要，要从学校人才培养目标、学生兴趣爱好两方面综合考虑；二是教师的专长，要充分发挥本校教师的专业特长。③学校所在的社区资源，如有传统的社区实践项目、各类社会教育场馆都可以为校本课程提供资源支持。④与一些专业机构合作，依托该机构专业领域的专家资源和信息开展课程建设。

校本课程开发是学校课程管理的组成部分，它需要有领导的支持、专家的指导、教师的努力和参与，需要得到全社会的理解、支持和评价。总体上说，校本课程开发的程序主要有四个阶段：

（1）需求调研。需求调研是设计校本课程时首先必须要做的研究性工作。其主要涉及明确学校的培养目标，评估学校和学生的发展需要，评价学校及社区发展的需求，分析学校与社区的课程资源等。

（2）确定目标。确定目标是学校对校本课程所做出的价值定位。它是在分析与研究需求调研的基础上，通过学校课程审议委员会的审议，确定校本课程的总体目标，制定校本课程的大致结构等。

（3）组织与实施。组织与实施是学校为实现校本课程目标开展的一系列活动。根据校本课程的总体目标与课程结构，制定《校本课程开发指南》；对教师进行培训，让教师申报课程。学校课程审议委员会根据校本课程的总体目标与教师的课程开发能力，对教师申报的课程进行审议。审议通过后，编入《学生选修课目录与课程介绍》。学生根据自己的志愿选课，选课人数达到一定数量后才准许开课。在此基础上，学校形成一份完整的《校本课程开发方案》；教师要在课程实施过程中或完成后，撰写自己承担课程的《课程纲要》（教师用的材料）。

（4）评价。评价是指校本课程开发过程中的一系列价值判断活动，它包括《课程纲要》的评价、学生学业成绩的评定、教师课程实施过程评定以及《校本课程开发方案》的评价与改进建议等。评价的结果需向有关人员或社会公布。

论证结束后形成的报告，要对即将开设的每一门课程进行概要设计，包括：①课程目标的陈述，必须全面、恰当、清晰地阐述课程涉及的目标与学习水平；②课程内容或活动安排，要求突出重点，按照从易到难的顺序排列，涉及选择什么样的内容以及如何组织这些内容，或安排什么样的活动，处理好均衡与连续的关系；③课程实施，包括方法、组织形式、课时安排、场地、设备、班级规模等；④课程评价，主要是对学生学业成绩的评定，涉及评定方式、记分方式、成绩来源等。

3. 进行师资动员和培训

教师是校本课程最重要的设计者和执行者。因此，对教师进行动员和培训，使他们做足准备，是非常重要的工作。教师学习内容的重点体现在三个方面：一是思想上的动员，鼓励教师结合自身特长积极参与校本课程建设；二是对教师进行课程建设能力的培训，帮助教师明确校本课程开发的过程和方法；三是对教师进行专业知识培训，不断拓宽其知识面，为课程的开发提供知识和智力上的支持。

校本课程需要教师参与课程设计，这项工作具有挑战性。因此在刚开始建设时，最好不要让教师一个人单独建设一门校本课程，而是要以团队协作的方式开展建设。

4. 校本课程评价

在现行校本课程资源较少的阶段，学校应该出台相关奖励措施：一是对学生进行奖励，应将校本课程的成绩纳入学生的总成绩中；二是开辟园地展示学生在校本课程中的成果；三是对课程开展较好的教师，适当予以奖励。

校本课程以鼓励学校进行创新探索、创建特色课程为基调。因此在校本课程的评价上，要改变传统的以测验为主的教育评价思想，应赋予其灵活性，鼓励教师以学生发展为本，在校本课程中开展多元化的评价；对学生的评价，应以学生的能力素质提升为主要评测点，关注学生学习兴趣的提升、公民意识和责任感的培养；对教师的评价，应建立在激励教师上进和推动课程不断完善的基础上。

案例三

顺义区杨镇中心小学——“活力课程”引领农村娃走向世界①

每周五下午，在顺义区杨镇中心小学，孩子们一听到上课铃声，便迫不及待地来到“小镇银行”，这是一家由学校某班学生担任“银行行长”“出纳员”“审核员”和“记录员”的校内“银行”。此时，全校学生可将自己的各种“单项素养星”和“校园

① 佚名．顺义区杨镇中心小学——“活力课程”引领农村娃走向世界［N］．现代教育报：B4版，2016－03－30.

能量券”兑换成“小镇货币”，在校内学生开设的模拟“小镇超市”中购买铅笔、橡皮和笔记本。

自2015年秋季新学期起，该校将数学、语文、美术、书法等课程整合在一起，形成了综合实践“活力小镇”课程，在每周五下午定时“开张”，每逢此时，整个学校俨然成了一个热闹、欢乐的“小镇”。

这种“活力小镇”课程是该校近年来在“活力教育”思想引领下，围绕培养学生的核心素养深入推进课程改革、实现整体育人的一个缩影。

1. “活力小镇”课程成为孩子们每周五的期盼

这是一个周五的下午，五年级（4）班的贾旺同学拿着20颗“单项素养星”，和班上几名同学一起来到了“小镇银行”。此时，“小镇银行”的“工作人员”早已悉数到岗。当日的“小镇银行”工作人员由五年级（7）班学生担任。

“行长”刘嘉豪同学和“副行长”张宇婷同学在“银行大厅”里不时地来回走动，当“客户”办理“业务”遇到难题时，或是一旦发觉现场秩序变“混乱”时，他们就会立即“安排”责任人进行具体处理，那“有板有眼”的样子，让人感觉还真的很有“范儿”。

贾旺同学先把自己手里的20颗“单项素养星”交给“审核员”，“审核员”经过审核认定这些“单项素养星”真实有效，再对照“货币”兑换表兑换相应的“小镇货币”。之后，“审核员”把“业务”转交给下一环节——由“出纳员”给贾旺同学发放“小镇货币”。贾旺同学领到了1元“小镇货币”，最后，他还需要到“记录员”那里进行登记。

手里拿着1元“小镇货币”，贾旺同学一脸兴奋，他告诉记者，这20颗“单项素养星”都是在语文、数学课上主动回答问题时获得的，每一次“表现好”都可以得到一颗“单项素养星”。

“行长”刘嘉豪同学是经过竞选才当上“行长”的，其他的“职位”同学们可以自愿选择。不过，一般会让数学好的同学当“审核员”，让字写得好的同学负责记录。说起自己当“行长”的感受，刘嘉豪同学十分认真地说：“经过这样的锻炼，以后做什么事情，我都会非常严谨、认真。”

“一次这样的课程就能将数学、美术、语文、书法等学科知识都融合在一起，学生们设计图标要用到美术知识，记录、计算、对账要用到数学知识。”五年级（7）班班主任周东升这样评价“活力小镇”课程，“整个‘货币’兑换储存过程都是对学生口语表达能力的很好锻炼，活动结束后，每个学生还要写下自己的收获和感受，制作一期手抄报，这些独特的实践体验往往是传统语文课堂上学不到的。”

2. 构建“5 +1”活力课程，释放每个孩子的潜能

“学校就是一个小社会。”在杨镇中心小学朱校长看来，课程就是学生在校生活的全部过程。

基于对课程这样的认识，杨镇中心小学在“活力教育”思想的统领下，关注学生主动参与活动的体验，从健康活动、社会活动、科学活动、艺术活动、文学活动等多个维度实施整体育人，构建了“1 轴 5 维 3 层”的“5 +1”立体化课程结构体系，实现了三级课程的有机融合。

“1 轴”是以“培养创新精神和实践能力”为导向，将国家课程、地方课程、校本课程融合创新的综合实践课程；“5 维”是品德素养、运动素养、艺术素养、语言与人文素养、科学素养 5 种核心素养引领下的不同课程领域，每一类型的课程培养素养的重心不同，但又关注 5 种素养的全面发展；“3 层”是指国家基础课程、拓展型必修课程和拓展型选修课程 3 个层级的课程。

朱校长介绍，学校围绕 5 大核心素养构建了国家基础课程，由国家基础课程拓展、延伸而生成了拓展型选修课程，引入高校和社会力量资源形成了丰富多彩的社团活动，而将校本、地方资源融入国家基础课程又生成了拓展型必修课程。

“充满活力的课程必然是立足生命发展，润泽生命、启迪生命、激励生命，释放生命潜能的。”朱校长表示，“每个孩子都有自己的潜能，对于没有出现的潜能，学校应给予充分挖掘，在尽量多的尝试中发现其潜能；对于已经出现但是还没有被发现的潜能，学校要给予关注，让孩子们在自主选择中展现其潜能；而对于已经意识到自己潜能和特长的孩子们，学校应为他们创造机会，搭建平台，让孩子们在多种展示中释放潜能。”

本章小结

课程是教育改革的核心和关键。课程是学校教育思想、教学理念的集中体现，也是实现教育目标、支撑办学行为、促进学生全面发展的重要载体，更是创建学校特色、提高教师专业化水平、提升学校管理的主要平台。课程管理是学校管理的重要内容。

学校课程管理的基本内容包括：树立人才观，确立课程的价值取向；研发课程内容；组织课程实施；做好课程评价和构建课程文化。

在我国三级课程管理体系下，学校获得了更高的课程权力和课程责任，课程规划也变得越发重要。

学校开展课程规划与研发时，应该遵循以学生发展为根本出发点、基于相关政策、基于学校实际、基于民主对话等原则。

教学的实施与管理工作主要是对教学过程和教学质量的管理，是学校最基础、最中心的管理工作，是学校办学质量的生命线。不同的教学管理举措，会产生不同的教学面貌。做好教学管理，可以从树立科学的育人理念和管理理念，建立完整的教学管理体系，建立常规管理制度，建立民主、科学的教学管理机制，加强人文关怀等方面进行努力。

要提高办学质量，追求卓越发展，学校必须建立一套符合自己实际的内部课程监控和评价机制。

校本课程是国家课程计划中一项不可或缺的组成部分。校本课程的开发过程一般包括以下几个方面：确立校本课程开发管理制度和教学管理制度、进行前期论证、进行师资动员和培训、校本课程评价。

思考题

1. 什么是三级课程管理？
2. 进行课程规划与研发的原则有哪些？
3. 学校应该如何开展教学的实施与管理？
4. 在现行的学校教育中，课程评价有哪些不足？
5. 通过资料查询，寻找在校本课程建设方面做得较为突出的学校或地区，了解其实践做法与经验，并形成案例。

第四章

学生管理

学习目标

1. 能够归纳青少年学生身心发展的基本特征和中小学学生管理的基本原则。

2. 能够举例说明班主任通过班集体做好学生管理的重要性。

3. 了解家校合作做好当前学生管理工作的经验。

4. 了解促进学生进行自我管理的主要措施。

导学材料一

德育主任 B 最近一直感叹："这些年学生思想状况复杂多了。"他认为现在孩子们没有心思认真读书，总是谈论网上的游戏，家长也没有创造孩子进行课外阅读的氛围，新的"读书无用论"又有所抬头，需要想办法解决这些问题。

【问题思考】

如何看待这位德育主任的观点？有什么办法可以解决他提到的这些问题？

导学材料二

教育部发布新版《中小学生守则》①

2015年，教育部印发《中小学生守则（2015年修订）》（以下简称《守则》）。《守则》共9条，282字，涵盖学生德、智、体、美、劳全面发展的基本要求。其保留了2004年《守则》中具时代价值、体现中华传统美德、应长期坚持的内容，如热爱祖国、热爱人民、热爱中国共产党、诚实守信、珍爱生命等；补充了一些更具操作性、学生可以做得到的具体行为规范内容，如主动分担家务、自觉礼让排队、不比吃喝穿戴等；增加了新时期学生成长发展中学校、社会和家庭高度关注的内容，如养成阅读习惯、文明绿色上网、低碳环保生活等。

【问题思考】

专家们认为，新《守则》不仅操作性更强，还与时俱进，针对当前青少年存在的问题，提出了现代中小学生的基本规范，具有时代特征。你如何看待新《守则》的内容？在管理学生时，如何去践行这些原则？

本章内容导图

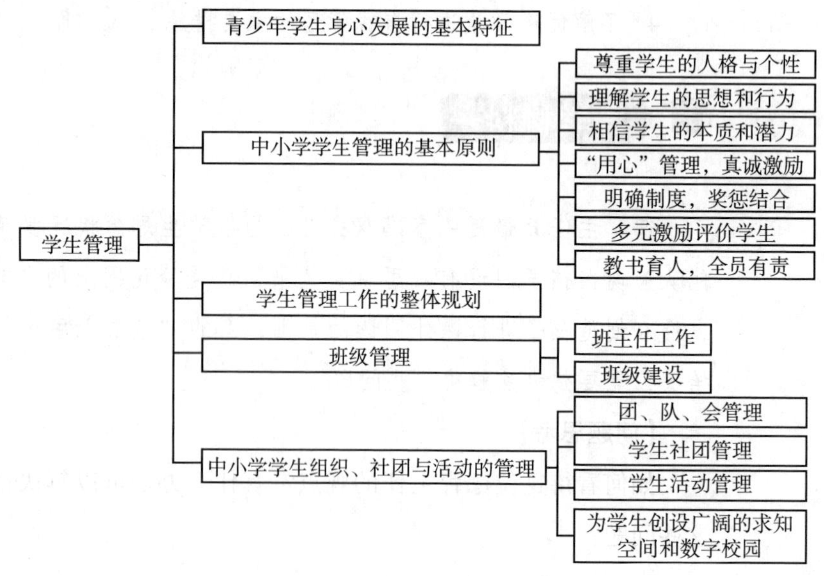

① 中华人民共和国教育部．教育部发布《中小学生守则（2015年修订）》[EB/OL]．(2015-08-27)[2021-09-03]．http://www.moe.gov.cn/jyb_xwfb/gzdt_gzdt/s5987/201508/t20150827_203497.html.

学生管理特指学校中的管理行为，是指在中小学与课程、教学工作并列的，为促进学生发展而开展的各类学生制度建设、文化建设与具体活动等①。学生管理是学校管理的重要组成部分，是学生发展不可或缺的工作，是学校办学质量的重要体现。学生工作对于学生的发展具有明显影响，与学科学习是相互促进的。

学校内除与教学直接相关的工作外，与学生发展相关的德育、比赛、仪式、社会活动、家校合作、班级建设、团队辅导等，都是学校学生工作的内容。其上级管理部门主要是教育行政部门的德育处、德育科及地方共青团、少年先锋队工作委员会等组织。在不少学校，它是以“德育管理”命名的。考虑到学生管理工作不仅是德育的培养，因此本教材将用“学生管理”这个概念来阐述这部分的内容。

一、青少年学生身心发展的基本特征

学校要适应学生，就是要适应学生身心发展的特点，包括生理发展和心理发展两个方面。

1. 学生生理发展

学生的生理发展主要涉及四个方面，即神经系统、循环系统、呼吸系统和运动系统。学校要根据学生生理发展的特点，合理安排学生的学习活动时间，安排适当的体育锻炼和户外活动，培养学生正确的坐立行走的姿势，保证学生在学习生活的场所空气清新，注意营养供给，对小学高年级和中学生还要注意进行科学合理的青春期教育。了解学生的生理发展，有助于了解学生的学习能力和准备状态，以及掌握学生发展的关键期。比如美国心理学家格塞尔（Gesell）开展的双生子爬梯实验，告诉我们在教育的过程中，要尊重孩子的实际发展水平，在孩子还没有成熟之前，我们要耐心地等待，不能违背孩子身心发展的自然规律。

① 张东娇，程凤春，等. 学校管理学［M］. 北京：北京师范大学出版社，2014：185.

2. 学生心理发展

心理发展是指人的个体生命全过程当中发生的一些有规律的心理变化过程。其主要特点包括：①心理发展包括认知发展和社会性以及人格发展等方面，它贯穿于生命的整个过程。②发展并不是一个线性上升的过程，而是螺旋上升的过程，某一阶段可能是积极的，表现为心理机能的改善，也有可能是消极的，表现为心理机能的衰退。③同样重要的是，心理发展不仅取决于先天因素，还受后天教育的影响，这正是教育发挥功用的地方。

我国的心理学家将个体心理发展分为八个阶段，其中，中小学主要是童年期、少年期与青年期。

中小学阶段是青少年长身体、学知识和世界观、人生观形成的重要阶段。正确把握青少年的心理活动特点及其规律，对于引导他们健康成长具有重要意义。

（1）青少年学生情感丰富、强烈，但不够成熟稳定，容易冲动失衡。进入青少年期后，人的情感逐渐变得丰富、活跃，富有感染力，很容易动感情，这是青少年重要的心理特征。青少年学生脱离儿童期的幼稚型情感，逐步从低级、单纯、较为原始的情感向高级、复合型、社会性情感发展。他们具有一定的群体感、道德感和社会责任感，有热爱祖国、向往美好生活的复杂情感。但青少年期情感活动常表现出不稳定、欠成熟、容易冲动失衡的特点。遇到生活中的矛盾，青少年感到不满和委屈时容易激动发怒，情绪容易呈现爆发状态，且男生比女生更为明显。

（2）青少年学生兴趣广泛，爱玩好动，广交朋友，由于鉴别能力、判断能力和选择能力不足，容易受社会不良风气的影响。大多数青少年学生思维活跃，精力充沛，兴趣广泛，愿意积极参加自己所喜爱的文体活动。他们大多都有自己的交友范围，一般都有几个彼此无话不说的知心朋友，伙伴朋友之间讲究信义，常常认为朋友的利益高于家长、教师，甚至是社会、集体的利益。他们大多缺乏社会经验，鉴别、判断、选择能力较差。

（3）青少年学生意志逐步确立，但处于不完善、不稳定的状态中。坚毅、顽强的意志是青少年必备的基本素质之一。这表现为：①具有自觉性。大多数学生的自觉性随着年龄的增长得到明显增强，会自觉遵规守纪，自觉学习和劳动，积极主动地参与学校的各项活动。②具有坚持性。大多数学生会坚持不懈、持之以恒地学习，勇于克服各种困难，不怕挫折和失败。③具有自制性。绝大多数学生无论何时何地都能控制自己的感情，克服自己的欲望，约束自己的言行，严格遵守学生守则和日常行为规范。

但必须指出的是，青少年学生的意志发展还不完善、不稳定，主要表现为：①想得浅、想得近、不深刻、不长远。②决心大于行动，计划难以持久。③内部调节能力不强，行动上具有盲目性和冲动性。

（4）青少年学生的智力发展日臻成熟，中小学阶段是青少年智力发展的黄金时期。这主要表现为：①注意力达到一定的水平，有意注意占主导地位，对周围的客观事物有自己独特的见解，喜欢与人争论，爱发表议论，爱提意见和建议，遇事容易追根求源，但有时固执己见，不易改变自己的错误观点。②理解性记忆取代机械性记忆。③求知欲强，思维有了更高的抽象概括性，但对事物的认识缺乏全面性，不够稳定、成熟。由于求知欲望强，有时会产生嫉妒现象。④想象力、创造力有明显的发展，富有理想和幻想，有些脱离实际，追求的目标期望值过高，出现主观与客观、理想与现实相脱离的问题。⑤观察力和记忆力有了更好的发展。

总体而言，青少年是处在一个半幼稚半成熟的阶段。一方面学校教育要遵循他们的成长规律，了解他们的心理发展特征，另一方面要积极引导他们，为他们的成长提供充分的支持和条件。

二、中小学学生管理的基本原则

科学、有效的学生管理能够促进学生个体的健康成长，尤其是对未成年的学生而言，他们可塑性大，有效的学生管理可为学生成长提供适宜的内、外部环境，可促使学生得到充分的发展。

我国当前在育人上强调德育为先、能力为重、全面发展的教育理念，这应作为学生管理工作的基本指导思想。学生管理工作对学生具有极强的导向作用，如学校管理规章制度中明确地规定了学生能做什么和不能做什么，学生可以从中学习到许多做人、做事的道理，养成良好的行为规范。由于学生管理工作日常事务较为琐碎，因此实践中应贯彻以下原则。

（一）尊重学生的人格与个性

尊重是管理的前提，对学生的管理尤其如此。首先，要尊重每一个学生的人格，尤其是对处于弱势的学生的人格尊严更应维护。不能冷落、歧视“后进生”，而应从内心接纳他们，尊重他们的人格，并在学习上、生活上给予其更大的关注，使学生感受到平等、被关注、被理解。其次，要从学生的实际情况出发，尊重他们的个性，不同学生有不同的认知方式和特长。要坚持全面发展与个性发展相结合，发挥学生的特长，注意开发学生的潜能，促进学生发展的多样化、个性化，为学生的终身发展奠定基础。

（二）理解学生的思想和行为

理解每一个学生的思想和行为，特别是某些学生不符合“常态”的思想和行为。在管理学生时，应当善于置换角色、将心比心，理解和接受学生的错误和缺点，因为每个学生都是有缺点的。只有理解学生才能爱学生，也只有爱学生才能做到真正地理解学生。只有在充分理解学生的基础上教育学生、管理学生，才能使学生乐于接受教育和管理。

（三）相信学生的本质和潜力

要相信每一个学生的本质都是好的，没有哪个学生不想成为好学生。“没有教育不好的学生，只有教不好学生的老师。”每个学生之所以成为现在这个样子，背后隐藏的是环境和教育影响的结果。即使是品德恶劣的青少年，也一定有善良的一面。同时，要相信每个学生都有巨大的潜力；要相信每个学生的本质和潜力，为每个学生的充分发展尽可能创造良好的环境、机会和条件。

（四）“用心”管理，真诚激励

现代管理是以人为中心的管理，人是有情感的，尤其是青少年学生往往情感丰富，对他们的管理与教育必须有感情的激发和熏陶。真诚和热情是沟通师生情感的纽带，也是管理学生的重要法宝。学生不是听老师说了什么，而是看老师做了什么；学生不是看老师一天做了什么、一次做了什么，而是看老师两年、三年做了什么；学生不是看老师对一个学生怎么样，而是看老师对每一个学生怎么样。老师的一言一行都能让学生感受到爱与关心。老师应该做到“用心”管理，关心学生的思想进步，细心指导学生的学习，热心照顾学生的生活，耐心帮助学生克服困难；针对学生出现的问题，由浅入深、耐心细致地向他们讲道理，提高他们的思想认识，做到情中有理、理中含情、情理交融，从而达到“管到心里”的效果。

（五）明确制度，奖惩结合

学校管理学生必须建立必要的规章制度，让学生明确哪些行为是应该做的，哪些行为是必须做的，哪些行为是禁止做的，并明确相应的奖惩措施，做到奖惩有度，赏罚分明，而且一定要坚持以疏导为主。尽管惩戒制度不可少，但制定惩戒制度的目的不是惩罚学生，而是预防学生的不良行为，即“惩”是为了“不惩”。所以，对中小学生的管理应体现“以教育疏导为主，以惩为辅，奖惩结合”的指导原则。

拓展阅读

我国自2021年3月1日起施行《中小学教育惩戒规则（试行）》

为落实立德树人的根本任务，保障和规范学校、教师依法履行教育教学和管理职责，保护学生合法权益，促进学生健康成长、全面发展，根据《教育法》《教师法》《中华人民共和国未成年人保护法》《中华人民共和国预防未成年人犯罪法》等法律法规和国家有关规定，我国自2021年3月1日起施行《中小学教育惩戒规则（试行）》（以下简称《规则》）。该《规则》指出，在确有必要的情况下，学校、教师可以在学生存在不服从、扰乱秩序、行为失范、具有危险性、侵犯权益等情形时实施教育惩戒。该《规则》同时强调，教育惩戒与体罚和变相体罚是不同性质的行为，明确禁止了八类不当教育行为，划定教师行为红线，规定了对越界教师的处罚方式，方便各方监督。

（六）多元激励评价学生

多元激励评价学生，即对学生不同方面的表现进行激励评价，引导学生的全面发展。例如，在南京金陵中学河西分校小学部，除了“三好生”和优秀少先队员的评选外，还新设立了很多“单项达人奖”。又如，宁波市海曙区建立了中小学生新的评价体系——“阳光六色花”，即用红、蓝、绿、黄、紫、橙六种颜色，分别对应习惯与思想道德、态度与学业成绩、运动与身体健康、交往与心理健康、审美与艺术表现、特长与个性发展六个评价维度。[①] 这样，在很大程度上打破了用学业成绩好坏来评判一名学生的观念，让多维评价为孩子成长发展助力。

近年来，不少学校采取了“星级”“积分制”“嘉奖令”的奖励方法。学生在某方面表现得好就能得到相应的积分，当学生的积分达到一定数量时，就能获得星级升级，并获得学校给予的相应奖励。这种类似游戏的积分奖励制度可以引导学生更加注重平时的一点一滴，更加注重各方面的发展，也因为这种形式具有趣味性，所以很受学生的欢迎。图4-1是南京一小的学生拿到“嘉奖令”的开心场面[②]。

图4-1　南京一小的学生拿到“嘉奖令”

---

① 陈敏，池瑞辉．评价体系改革助推中小学生全面成长［N/OL］．宁波日报，2016-03-07［2021-06-14］．http：//edu. people. com. cn/n1/2016/0307/c1006-28176584. html.

② 王璟．南京一小学用挣积分取代“评三好”［N］．扬子晚报，2014-01-24.

除了勋章奖励外，让学生有表现的机会也是很好的激励方式，学校可以以活动为载体为学生施展个性搭设舞台，让更多的学生有“露脸”的机会。

（七）教书育人，全员有责

做好学生管理工作，不仅是班主任和年级组长的职责，还是全校每一位教职员工的责任。我们常说：教书育人、管理育人、服务育人，就是指学校育人氛围的营造需要全员参与。因为学校中的每一个学生，不仅学习、生活在班级中，而且生活在整个校园中，除班级之外，他们会与学校中的教师和同学打交道。这就需要每一位教师、每一位干部、每一位教职工都要具有对学校和学生负责任的精神，鼓励优秀行为，纠正不良行为。只有全校上下“一盘棋”，才能实现育人的良好氛围，形成良好的校风。

以上七项原则可以概括为以下四条：一是理解尊重学生，二是信任关爱学生，三是多元评价、奖惩分明，四是全员参与。这些原则都非常重要。在实际教育情境中，当一些原则相互冲突时，我们应该优先选择理解尊重、信任和关爱，尤其是关爱。特别是一些学生，可能有一些不符合常态的思想和行为，尤其需要我们给予特别的关注。正如苏霍姆林斯基（Sukhomlinsky）说：“没有爱，就没有教育。”卢梭（Rousseau）也强调：“尊重儿童，请不要对孩子过早作出好的或坏的评价。”任何时候我们都要铭记关爱儿童的教育要义。

三、学生管理工作的整体规划

规划是学生管理工作制度化、规范化和科学化的第一步。学生管理工作是一个复杂系统，其工作内容较为分散、琐碎，往往是教师、学校精力投入较多的领域，如果没有一个整体的规划，就会使工作陷入散乱状态。因此，规划是学校学生管理工作实现科学化的第一步。

通常学生管理工作规划是以 3 ~ 5 年为一个周期，在规划的过程当中需要采用多种方法。传统做法是，学校的管理层制定一个规划，然后全体师生共同遵循。但是随着民主管理思想的逐步深入，学校在学生管理工作的规划当中会让更多的人参与进来，不仅包括学校管理层，教师、学生，甚至家长代表等都会参与进来。通过座谈、问卷调查、文献研究、参观学习等多种方法，人们集思广益，民主协商，共同规划学生管理工作。

对学生管理工作的整体规划要形成具体的规划文本。规划文本不仅要确定学校学生管理工作的目标和基本思路，同时还要指出具体工作内容的构成。一般来说，学生管理工作包括：制订和落实学校学生工作计划；培训和管理学生工作队伍，促进班主任的专业成长；规划和组织学生活动，指导和支持团委、学生会自主开展活动；执行校规校纪，组织常规检查，实施奖惩；开展学生心理辅导和卫生保健工作等。学生管理工作规划文本形成后，还需在实际工作中及时检查，适时进行调整、细化、优化。下面分别介绍区级和校级的案例。

徐汇区是上海市基础教育强区，对学生尤其是德育工作高度重视，每年发布德育工作要点。在《2020年徐汇区中小学、中职校德育工作要点》中，根据国家和上海市相关文件，徐汇区坚持立德树人的根本任务，深入开展爱国主义教育、中华优秀传统文化教育和社会主义核心价值观教育。文件包括三部分内容：①立德树人，全面构建德育教育系统化、品牌化；②创新突破，聚焦“两个建设”，推进“三大工程”；③提质增效，确保德育入脑入心见之于行。聚焦“两个建设”是指以德育中心建设和紧密型学区建设两个项目的推进为契机，进一步理顺职能，提升工作效能。推进“三大工程”是指学生社会实践效能提升工程、家庭教育指导系统建设工程和学生心理健康专业服务工程。例如，学生社会实践效能提升工程，通过德育中心落实校外联功能，围绕“励志地图”“汇作业”“安全体验馆”等项目，推进了“浸润式”场馆学习项目以及“云”博物馆课程开发。在家庭教育指导系统建设工程方面，徐汇区不仅发布了《徐汇区家庭教育工作三年行动计划（2020—2022）》，而且通过区“智慧家长”“超级家长会”等项目，通过讲座、论坛、展示等各类活动，引导家长更好地提升家庭教育理念和方法。①

学校层面的案例，来看看上海市南洋模范中学的学生管理工作。

作为的一所百年名校，上海市南洋模范中学（简称南模）是上海市实验性、示范

---

① 徐汇区教育局.2020年徐汇区中小学、中职校德育工作要点［EB/OL］.（2020-05-29）［2021-09-03］.http://www.xuhui.gov.cn/H/xhxxgkN/xhxxgk_jyj_yw_zhgz_dygz/Info/Detail_48449.htm.

性高中，是中国人自己创办的最早的新式学堂之一。1950 年，毛泽东为学生壁报题字“青锋”，意为“青年先锋”。2001 年 8 月，江泽民为百年南模寄语“四个模范”（求知的模范、生活的模范、爱国的模范、进取的模范）。学校以“勤、俭、敬、信”四字校训鞭策学生。学校德育工作在总体规划上包括以下几部分内容。①

（1）德育工作总体目标。以培养“四个模范”为德育工作的目标，以促进学生养成健全人格为工作中心，以日常行为规范教育中建立学生自主管理体系为切入口，积极营造宽松和谐的教育环境，将德育认识和德育实践相结合，鼓励学生的道德自我体验和自我表现，强化学生在德育工作中的主体地位，努力帮助学生形成“四个模范”的思想道德素质。关注学生心灵，推进心理健康教育，健全学生的心理。培养学生坚毅、自信、进取、创新和宽仁的人格特质。

（2）在具体实施上，南模以德育课题来引领学校主体性德育工作的开展，以实践性活动为特征实施主体性德育工作，同时，把培养“四个模范”的学生主体德育活动与《上海市中学生综合素质评价手册》相结合，建立以整体衡量为特征的开放性激励评价模式。该学校德育实践活动主要有：①自律化的学生日常行为规范管理实践活动；②重大节日的学生自主教育实践活动；③主动参与、自我教育的社会考察实践活动；④充满爱心的社会志愿者服务实践活动；⑤开展探究性德育专题研讨活动；⑥自主设计，对有争议事件开展讨论、辩论的实践活动；⑦充分选择、自主管理、自我评估的学习管理实践活动。

（3）以行为规范为切入口，培养学生的自尊、自信、自觉意识。重视校风学风建设、班级文化建设。南模的学生管理规范涉及学生思想品德和行为习惯等方面，包括生活习惯、学习习惯、交往礼仪、学校集体规范和社会公共规范等多个方面。

（4）在丰富的社团活动中培养学生的自主管理能力。南模社团及各类活动较为丰富，主题多样，其目的是丰富学生课余生活、培养学生个性特长。其中篮球、交响乐、科技、美育、国防教育和社团活动是特色项目，多次获得国际、全国及上海市各类奖项。南模高度重视学生领袖群体培养以及学生的自主管理，“各种活动都是学生自己策划”，学生自主管理渗透在学校很多日常事务中，如社团的日常活动、纪检部每日行规检查、体育部的“南模杯”篮球赛组织、文艺部的艺术节等。团委着力为他们提供自主管

---

① 上海南洋模范中学．创建实验性示范性高中发展规划［EB/OL］．（2015－06－01）［2021－09－03］．https：//www. nanmo. cn/site/template/10200100/8ae270834dae58eb014dae60e7c10007/detail. html.

理的空间，同时做好学生会干部、各部门志愿者、学生社团社长等队伍的培养与引导。

（5）推进心理健康教育。每年进行一次专题学生心理调查或测试，建立学生的心理档案。建立特殊学生的心理档案资料，对特殊学生有针对性地提供心理咨询服务。完善心理咨询室配套设施建设，配备专职心理辅导教师，在各年级有针对性地开设心理辅导教育课程。开展全校班主任和任课教师心理教育和辅导的培训工作。坚持举行学生的“爱心咨询”活动，开展学生群众性心理互助活动。同时有计划地培养一支心理教育的学生宣传员和辅导员队伍。

（6）多方合力，构建“三全”育人网络。遵循学生思想品德的形成规律和社会发展的要求，构建高中三年德育分层递进的纵向衔接，学校、家庭、社会共同参与的横向贯通，德、智、体、美诸课程的互相渗透，党团组织、学生会组织、班集体活动为一体的全员、全程、全方位的德育格局。

四、班级管理

（一）班主任工作

1. 班主任技能要求

班主任作为教师队伍中一个比较特殊的群体，承担着对整个班级学生全面负责的重任。2006 年发布的《教育部关于进一步加强中小学班主任工作的意见》指出：“中小学班主任是中小学教师队伍的重要组成部分，是班级工作的组织者、班集体建设的指导者、中小学生健康成长的引领者，是中小学思想道德教育的骨干，是沟通家长和社区的桥梁，是实施素质教育的重要力量。中小学班主任工作是学校教育中极其重要的育人工作，既是一门科学、也是一门艺术。”这明确了班主任的角色定位和基本规范。2009 年，应素质教育的时代呼唤及教育改革和发展的需要，教育部印发《中小学班主任工作规定》，进一步明确了中小学班主任的重要作用和工作职责，明确了班主任的合法权利和合法权益，同时强调坚持育人为本，德育为先的目标导向。

德国哲学家雅斯贝尔斯（Jaspers）认为教育过程首先是一个精神成长过程。班主任是班集体的组织者、教育者、协调者，是学生身心健康发展的引路人，更是学生的良师益友。他们既要面对学生个体，又要面对学生集体开展教育教学活动；不仅要关心学生的学习成绩、生活情况，更重要的是关心学生的内心世界，关心学生的情感、情绪及精神生活。在学生的成长过程中，班主任是一个不可或缺的重要人物，其言行对学生的影响也最大。班主任在很大程度上决定了整个班级的精神面貌。因此，班主任的工作比一般任课教师更全面、具体、细致和繁重，是最辛苦但也最能获得成就感的工作，这也正是许多班主任能够长期坚守这一工作岗位并取得成绩的原因所在。

来自优秀班主任的经验之谈

黄静华（全国先进工作者、全国师德、上海市劳动模范、特级教师）：我做了34年的班主任，多年来，一直和学生们一起直面精彩纷呈的生活。我和学生们一起关注社会的热点问题，将鲜活的社会生活内容带入课堂，把爱事业、爱祖国的深情传递给学生，我努力与学生一起在社会大课堂里学做真人、探求真知。多年来，我和学生一样在学习中成长，我将永远与学生一起前行！①

李镇西（著名教育专家）：参加工作30多年来，除了读博、在教科所工作外，我一直都担任班主任。后来做了校长，我又成了“大班主任”。所谓“大班主任”，有两个含义：一是我把这个校长当班主任来做，学生就是我校的全体教师，当初如何当班主任，现在就如何做校长；二是做班主任的“班主任”，即通过各种方式影响、引领并推动班主任们的成长。②

要做好班主任工作，除了要有高度的责任心、爱心外，班主任还应努力做到以下三点。

（1）腿要勤，多往教室、学生中间走一走。一方面了解班级和学生的情况，摸清楚学生的兴趣爱好、学习困难；另一方面可以和学生多接触，融洽师生关系。“亲其师

---

① 魏书生，邱济隆，赵翠娟，等．写给教师［J］．人民教育，2005（17）：14－15.

② 李镇西．我培养班主任队伍的九条经验［EB/OL］．（2017－09－24）［2021－09－03］．http：//www.360doc.com/content/17/0924/12/14642890_689654298.shtml.

才能信其道”，如果班主任和学生的关系比较疏远，甚至紧张，那么班主任的金玉良言在学生耳中永远都只能是耳旁风，会为班级的管理增加难度。

（2）要具备一定的组织能力、领导能力和处理能力。一个好的班主任，会很好地组织班级的各项活动，使学生在活动中得到锻炼和提升；要善于领导班级，学生在班主任的带领、指导下，才能圆满地完成班级的各项工作；要善于利用、发挥班级小助手的作用，班委会成员在班长和学习委员的带领下，能帮助班主任解决许多实际问题；同时，还要有处理日常问题的能力和处理突发事件的能力；要公平、公正地对待每一个学生，客观地处理问题。

（3）要掌握科学的管理班级的方法。对待不同的学生要采用不同的教育方法。在管理班级过程中，要学会“刚柔并济”。要培养班级自我管理的意识和机制，发动学生共同制定班级规范、守则、标语，营造良好班风，实现自我管理。

2. 班主任队伍培养

班主任队伍对于一个学校的重要性不言而喻，因此任何一个校长都非常重视学校班主任队伍的优化与提升。专家报告、经验交流、制度建设、科学评价、师徒结对、班会比赛、课题研究、案例分享等都是行之有效的引领途径。

（1）做好思想引领，不断更新观念。班主任具有的思想理念，决定其工作所能达到的高度与境界。培养班主任，首先要帮助他们树立育人为本、民主教育与管理的思想，要树立自我管理的班级管理思想。同时，班主任要不断学习，与时俱进地进行观念变革，不断适应教育环境与教育对象变化发展的需求，不断学习新的班级管理模式。班主任的思想观念到位，就不容易陷入烦琐的日常事务中而忽略了育人的本真。

（2）通过培训学习提高业务能力。学校每年应当集中组织培训班主任 1 ~ 2 次，采取专家授课、专题讨论、经验交流等形式组织学习，学习现代教育理论和班级管理、班级建设理论；研究、分析班主任工作实践的重点、热点、难点问题，探讨加强和改进班主任工作的有效对策和可行性措施；交流班级管理和后进生教育转化的创新经验。

班主任的培训要形成规范化的制度。例如，上海中小学校每月一次的班主任例会，已不仅仅是交流班主任工作经验、部署班主任工作计划的常规工作会议，很多学校还利用这一时间组织专题讲座，开展专题的班主任培训①。

---

① 邱伟光．打造高素质的班主任团队［J］．思想理论教育，2008（8）：16 – 20.

（3）培养骨干或榜样班主任。班主任的群体发展，需要借助骨干的资源。有的学校探索了首席班主任评选制，提出了评价的标准，使班主任学有榜样；通过这类活动，将优秀班主任变成学校的公共优质资源，与大家共享。大会表扬、经验介绍、培养徒弟、媒体宣传等都是推出榜样的方式。

（4）构建班主任文化。开展制度建设和类似活动，可形成本校尊重班主任的风气。如举办班主任节，由学生评选具有个性化的优秀班主任。与此同时，可以成立班主任论坛或沙龙，使班主任相互交流工作经验，以老带新推动班主任队伍的建设。

武侯实验中学十大名片教师①

凡是来我们武侯实验中学参观的人会有一个发现，我们的校园没有对校长的介绍，没有领导的题词，没有校长陪领导手指远方的视察照片，没有诸如“再创新高”的捷报，没有什么“国家级课题”或“实验基地”的牌子……有的只是展示普通孩子成长生活和普通老师课堂形象的大幅照片。

武侯实验中学有十大名片教师，是我校师生海选出来的。十位老师年龄不同，学科有异，但大多是优秀班主任。我亲自一一给他们拍摄肖像照，并根据他们的事迹提炼撰写出一个个小故事，然后将照片和小故事通过彩色喷绘展示在校园的立柱上。

我培养班主任队伍的九条经验②

第一，思想引领；
第二，亲自示范；
第三，培养徒弟；
第四，倡导读书；

①② 李镇西．我培养班主任队伍的九条经验［EB/OL］.（2017－09－24）［2021－09－03］. http：//www.360doc.com/content/17/0924/12/14642890_689654298.shtml.

第五，排忧解难；

第六，个别谈心；

第七，调节心态；

第八，推出榜样；

第九，能说会写。

（二）班级建设

班级是学校进行教育教学以及管理活动的基本单位，是学生学习、生活、发展的直接环境，一个优秀的班集体对于学生的发展会产生深刻的影响。班级管理的重要任务是推动班集体的建设。班集体不是学生的简单集合，而是在班级教育管理目标的引导下，通过班主任和全体学生的共同努力，逐渐建立和发展起来的集体组织。班集体的建立应该具备以下条件：①有明确的目标和共同的愿景；②有健全的组织和坚强的核心；③有正确的舆论和良好的班风；④有有效的集体规范和管理机制；⑤有良好的人际关系和心理氛围。班级管理需要按照班集体形成的条件，通过各种途径和方法，促进班集体由松散阶段到形成阶段，再到成熟阶段逐级发展，使其成为一个良好的集体。

1. 提高班级自我教育管理能力

提高班级自我教育管理能力是班级管理的一个重点。苏霍姆林斯基说：“只有能够激发学生去进行自我教育的教育，才是真正的教育。”成功的教育实践都是视学生为独立的个体，尊重学生的教育主体性，调动学生自我教育的主动性、能动性，使学生成为学习和自己行为的主人。作为教师，如果能够帮助学生养成自我教育的习惯和意识，便会使学生从教育的被动接受者成为主动学习者，其学习和生活才会进入良性循环。

实施班级自主管理要激励和促进学生正确地认识自我、发现自身潜能。班主任可通过定期的主题班会、班级活动等帮助学生正确地认识自我、反思自我，让学生从自省、自知走向自导、自控，进而实现学生的自我教育、自我管理。

实施班级自主管理要锻炼班干部的组织能力，结合小组建设，挖掘学生的内在潜力，引导学生不断展现自身亮点和改进点，在学生间形成互相激励、互相启发、互相竞争、互敬互爱、互帮互助的良性氛围。比如可以将班级管理、学习、卫生、纪律等的处罚和表扬交给不同的班委。早自习和午自习可由学生自主管理，部分自习由班委轮流值周，部分自习由学生自愿申报进行值周。还可以赋予班干部对班上的好人好事给予加分表扬和对不良行为进行干预的权力。

加强自主管理，丰富班级管理角色，还应让更多的学生在班级中担负责任、服务集体，让他们从管理者的角色中学会管理他人、学会自我管理，使人人有事做、事事有人做。发挥班干部的积极作用，可以给更多学生创造角色体验的机会，以培养学生的自我管理能力。

在班级自我管理上，更重要的是建立一套比较完整的班级管理体制。这套体制需要由师生共同商定。近几年来，许多学校采用“行为积分管理”来实现班级管理体制，取得了不错的效果。在应用行为积分管理时，体现了以人为本的理念，让每一个学生都能得到老师、同学的表扬和赞赏，有自己的闪光点，从而有信心在其他方面做得更好。每一位学生都有荣誉感，希望被尊重、被赏识。网络上也有一些软件可以帮助教师记录学生的行为表现，如利用ClassDojo软件，教师可以在笔记本、平板电脑和智能手机上记录学生一天的不同表现，一段时间后可以将结果提供给家长。

“自我教育”助学生成长

我在班级管理中根据“自我教育”这个主题，开展了一系列的班级活动。

1. “人人是干部，人人有活干”

自我教育的一个关键内容就是把班级管理的任务下发给每一位学生，让每一位学生为班集体做出力所能及的贡献，获得参与班级管理的乐趣。同时，这种做好分内工作的责任心也会对学生本身产生积极的影响，从而使他们的自主意识、自觉意识、逻辑性和计划性得到培养。

学生干部的培养一直是我开展班主任工作的一个重点内容。我班的班级干部，如班长、中队长、宣传委员、生活委员、小组长等，都是在每次期中、期末的时候由学生根据自己的能力和个人喜好自荐、他人推荐，然后由全班学生通过民意投票选举产生的。但是，这些干部的数量仅占全班学生人数的1/3。为了实现自我教育当中的一个重要内容，即要求学生人人参与班级建设和管理，我为每个小组增设了语文、数学、英语小组长，专门配合主科任课老师的工作，完成检查口头作业、监督、指导本组同学改错，以及组织、协调组员完成学习中小组作业的要求。

此外，我班从初一年级开始便成立学习“一帮一”互助小组，由学生自愿结对，成绩好的学生负责督促、帮助学习比较吃力的学生完成各项作业、改错等学习任务。

2. “周小结”和“周计划”的实施

为了调动学生自我管理的自觉性，我在班级中采用了“周小结”和“周计划”的教育方式，一方面是对学生一周行为规范和学习质量的小结，以及对下周学习、生活的规划；另一方面是与家长沟通交流的桥梁。学生每周都要完成“周小结”和“周计划”各一篇，写在专用的家庭联系本上，并由家长阅读后写上意见和建议，或者一句鼓励的话。具体内容如下：

“周小结”

- 本周我的三个闪光点（学习或纪律）：
- 本周我的三个突破口（学习或纪律）：
- 本周我最喜欢的一句格言（可自编或摘抄，中英文均可）：
- 本周我的三个学习、生活榜样（本班或外班）：
- 本周及周末我进行了以下内容的学习和复习：

语文：

数学：

英语：

其他：

- 本周未完成的学习、生活计划：

“周计划”

- 下周在班级日常行为规范方面，我要做到（至少三点），列举出来：
- 下周的学习中，我要做到：

语文：

数学：

英语：

其他：

- 下周我的学习榜样：
- 下周我的行为规范榜样：
- 下周要为父母做的三件事：
- 家长评语：

自我教育在我班施行一年半，在班级管理、各项常规的落实和学生学习成绩的提高方面效果比较明显。举个例子，我班的英语平均分在初一上学期并不是很突出；到了初一下学期，期中、期末均是年级第一。此外，我班在全校各项比赛中也取得了骄人的成绩，如“科学节”优秀班集体、全校运动会年级组第二名。

2. 通过班级建设、小组建设促进学生的伙伴共进

班级建设、小组建设可以更好地还原教育培养“全人”的本质。新课改倡导的小组合作、多边互助、平等参与，弥补了教师由于班额大而不能照顾到每一个学生的不足。小组中不同性格的学生坐在一起，互相学习、互相影响，培养了学生的团队合作意识，增强了集体荣誉感。小组学习突出学生的主体地位，有利于培养学生的主动参与意识，增强学生学习的责任感。小组合作学习使学生有更多的机会进行交流和展示，并且能够在观点碰撞中产生新思维，激发新智慧。小组成员之间的互帮互助，以及情感、心灵的交流，可提高自身的社交能力，体验到被他人接受、被他人信任的快乐，对学生“全人”的成长具有积极意义。

班级文化换新颜，小组建设展风采（节选）①

渌口镇中学从2011年尝试建设学习小组。八年以来，渌口镇中学的管理者们一直把班级学习小组文化建设当作班级管理的一个重要抓手，小组文化建设从工作方案、验收评价到常态化管理，形成了一套较为完善的机制。在全体师生的努力下，学习小组的建设已经基本成熟。通过制定翔实的小组文化建设实施方案，对每一位学生从组

---

① 袁华．班级文化换新颜，小组建设展风采［EB/OL］．（2019－11－22）［2021－09－03］．http：//jyj. zhuzhou. gov. cn/c5392/20191122/i1249674. html. 引用时有修改。

员的组织、组内各文化的建设、各位组员的分工等方面都进行了全面的指导。正是因为构建了“人人有事做，事事有人做”的班集体，一群来自多所不同小学而且稚嫩好动儿童们，通过短短几周的学习与规范，快速成长为一个个初显中学生模样的团体。直至初中毕业，学习小组都将伴随他们左右，共同学习，共同进步。

3. 开展丰富的班级活动

班级活动是班主任组织班级全体成员参加的一系列活动，包括教育性活动、知识性活动、娱乐性活动、实践性活动。它是班主任对学生进行政治、思想、道德、心理教育的基本形式，是通过学生集体来教育和影响学生个体的教育形式，也是学生个体进行自我教育的行之有效的方式。从这个意义上说，班级是学校实施教育教学的基本单位，学校教育功能的发挥主要是在班级活动中实现的。

班级活动可以增进师生之间、学生之间的理解，增强学生的合作意识和班集体的凝聚力。心理学研究表明，一个集体若没有丰富的集体活动，就会死气沉沉、缺乏活力。要想让班集体充满活力，重要的是组织学生开展各项有意义的活动。丰富的班级活动可以让学生各展其能，让学生的特长得到展示和发挥，让学生的创造力、团结协作的能力得到锻炼和提升。

（1）班级活动的类型。班级活动主要包括以下三种类型：①常规班级活动。常规班级活动也称日常活动，是指在相对固定的时间里开展的周期性班级活动，主要包括晨会、课间活动、值日、班级例会等类型。常规班级活动的特点就是时间相对固定，一般以周和日为周期。常规班级活动看似比较零散，每次活动的时间也很短，但是它的意义是我们不能忽视的。常规班级活动组织得好，就能促进班级的建设和管理；相反，就会浪费很多时间，对班级管理不利。②主题教育活动。主题教育活动是指经过学生、教师精心设计和准备而开展的有明确主题的班级活动。主题教育活动比一般的班级活动更富有教育意义。它最大的特点就是主题鲜明，具有明显的针对性。根据活动主题的不同，主题教育活动可以分为德育、智育、心理健康教育和法制安全教育等类型。③实践性活动。实践性活动是指为培养学生的创新能力和实践能力而开展的班级活动，主要包括科技创新活动、社区服务活动和参观访问。开展实践性活动既是提高学生综合素质必不可少的一项措施，也是避免“高分低能”的最佳途径。

（2）班级活动的设计原则。班级活动的设计原则包括以下四部分内容：①教育性原则。开展班级活动，不仅是为了活跃学生的生活，更重要的是寓教育于这些活动中，让学生在活动中提高思想水平和能力。成功的班级活动应发挥教育的整体综合功能，让丰富多彩的活动成为学生的一种人生经历。②整体性原则。一是班级活动的内容、活动的全过程、活动的教育力量都要成为一个系统，用整体的教育思想指导教育活动，达到教育目标的整体性。教育目标的整体性不是简单的拼凑。二是班级活动通过组织和设计进行有机组合，围绕活动的主题，从不同的方面去反映内容。教育力量的整体性使班级活动由封闭转为开放，家庭、社会教育力量的介入能有效地提高教育的效果。③有效性原则。这是组织班级活动时必须考虑的关键性问题，否则活动的开展就毫无意义。除了主题的选择要契合学生的实际情况外，在活动的形式和内容的选择上要从学生的身心特点出发，采取他们乐于接受的主题和形式，这样才有可能实现最佳的教育效果。④可操作性原则。班级活动的设计要结合班级现有的条件，从时间、地点、人力、物力等多方面考虑，保证活动的开展具有现实性和可操作性。

案例四

某校科学节班会设计如表 4－1 所示。

表 4－1　某校科学节班会设计

班会主题		低碳中国，从我做起
班会教具		多媒体、黑板
班会目的		增强学生节约能源，低碳生活的意识；为低碳生活献计献策
班会重点		总结低碳生活的注意事项；向所有人发出低碳生活倡议
班会难点		在今后的学习生活中，学生如何用实际行动体现低碳生活的理念
班会过程	准备过程	1. 学生设计一份有关低碳生活的调查问卷，在社区和校园进行调查，并统计调查结果，将结果做成柱状图，准备在班会上公布结果（提供格式示例） 2. 学生收集日常生活中节约能源的好主意，准备在班会上交流讨论 3. 学生观察自己家里的电器有没有因使用不当造成能源的浪费，思考怎样使用才能做到低碳环保，准备在班会上交流讨论 4. 全班学生起草一份班级倡议书，中英文版本，准备在班会上由班级代表发送到数字景山网（提供格式示例） 5. 制作班会幻灯片 PPT

续表

<table>
<tr><td>班会过程</td><td>实施过程</td><td>一、节水标志引入本次班会的主题（主持人）
“低碳中国，从我做起”
通过介绍国家节水标志的形象和意义，引入班会“低碳中国，从我做起”的班会主题
二、调查报告结果分析
本班同学在班会前发放并统计了“走进低碳”的调查问卷，此环节由两位同学在此次班会上以幻灯片统计图的形式向大家进行调查报告结果分析
三、低碳生活金点子
请大约 25 位同学讲讲自己节约能源的金点子
四、电器节能知多少（主持人现场采访）
分别采访同学们有关电灯、电视机、洗衣机、电冰箱、吸尘器、电熨斗、电饭煲、空调、微波炉等家用电器的节能方法
五、家用电器我支招
对上一个问题做出较好的解答
六、节约能源与尊重历史
请一位同学结合自己去欧洲旅行的经历讲讲在当地有关节约能源与尊重历史的见闻
七、节约能源网上倡议（主持人及全班同学）
将全班同学共同写好的倡议书正式公布，向所有人发出倡议，并把倡议书发到校园网上
八、班主任总结
请班主任老师进行总结</td></tr>
<tr><td>班主任总结发言</td><td colspan="2">同学们，当天空降下黑色的大幕，是什么让我们体会万家灯火的温馨？妈妈在厨房忙忙碌碌，是什么让我们能享受美味的食物？当你登上飞机、踏进火车，是什么带你行万里路见万千美景？当你打开计算机和电视，是什么让穿越时空的信息来到你的屏幕？冬天寒风刺骨，夏天烈日似火，是什么让我们的房间四季如春？是电流，是天然气，是煤炭，是汽油……它们有一个共同的名字叫作：能源。
同学们，现在我国使用同等量能源所创造的价值，远远低于世界发达国家，能源的使用效率也亟待提高，浪费能源的现象还到处可见。邓小平爷爷曾说：“青少年是祖国的未来，科学的希望。”我们每一个人都要自觉地学科学、爱科学，用科学来保护整个社会的经济命脉。我们应该承担起这个责任，我们也必须承担起这个责任，节约能源，低碳生活，要从我们做起</td></tr>
</table>

4. 重视家校联系

孩子的成功需要学校教育和家庭教育的配合，两者缺一不可。家校合作是以学校和家庭相互了解、相互配合为基础的，两者相互依赖、相互作用，分别发挥着不可替代的作用。作为桥梁和纽带的班主任要和家长建立互相信任、密切配合的合作关系，最大限度地形成教育合力，实现学校教育与家庭教育的协调一致。实现有效的家校沟通，有利于教育教学质量的提升，有利于学生整体素质的提高，可以收到更加理想的教育效果。

家访和家长会是传统的家校合作的主要形式，也是班主任和家长建立联系的重要方式。虽然这是很好的沟通桥梁，但随着教育的不断发展，开发新的、有效的家校合作的途径，成为学校特别是班主任工作新的成长点。目前，家校合作已经出现了许多新的形式，如家校通、家长信、家长学校、家长委员会、家长开放课、家长沙龙、班级网页、QQ 群、微信群等，创造更多家校互动的机会，可以让家长走进校园、走进班级，让家长从旁观者变成参与者，使家长的教育力量可以更好地融入班级教育与管理中，将家校合作落到实处。

在家校合作中，班主任起着桥梁和纽带的作用。班主任应以取得良好的沟通合作效果为目标，灵活地选择沟通方式和沟通技巧，引导沟通活动的顺利进行，提高沟通合作的效能。没有良好的沟通效果，即使动机再好、内容再正确，也毫无意义。因此，班主任要把握与家长沟通时的特殊心理，讲究沟通的艺术，赢得家长的尊重、理解和合作。

（1）评价学生要客观。要客观、全面、公正地评价学生，使家长感觉这是教师的肺腑之言，感受到学校教育的目的和任务与家长的愿望是一致的，从而做到心理相融、同心合力，共同做好教育工作。切忌漫不经心、毫无根据地评价，或者过多列举学生不好的方面，这会让家长难以接受，从而对教师和学校产生抵触情绪。

（2）把握好问题呈现的时机。与家长沟通时可以先说孩子的优点与进步，然后逐渐提出一些建议，家长会更乐于接受。可以采取“避逆取顺”的策略，也可以采用变换语言或角度的方法来叙述，从家长心理乐于接受的角度去叙述，尽量避免使家长产生逆反心理。

（3）提供解决问题的可行性建议。提出问题的同时要提供可行性的建议，要有针对性、实用性、有效性，没有把握的不说，记不准确的不说。善于找到向家长提出要求的恰当方式，语言尽量委婉，最好用建设性口吻，如“您看，我们是否可以这样做”“您能否试一下这样的方式”等。对于家长不符合教育要求的行为、观点要予以劝说，切忌将教师承担的责任推卸到家长身上，这会让家长感到教师不负责任。

（4）善于运用“期望效应”。著名的“皮格马利翁效应”实质就是爱的效应或者说是“期望效应”。赞美孩子、赞扬家长是教师与家长交流的法宝。班主任在与家长沟通时，需要把自己对学生的期望和肯定通过家长传输到学生那里，这样会产生意想不到的激励效应。只有家长对自己孩子的教育有信心，他们才会主动与教师交流，积极配合教师的工作。

（5）用心倾听、询问和引导。一位优秀的班主任，必然会耐心地倾听他人的意见、感受并善于询问。教师切忌自己滔滔不绝，剥夺家长讲话的机会，多采用开放式提问，尽量不用封闭式提问等。

每周一封家长信

为了更好地与家长联系和沟通，我采取了每周一封家长信的形式，将每周班级的情况进行简单总结，将学生的学习、表现反馈给家长，同时也让家长把对孩子和老师想说的话写出来。

每周一封家长信的形式在学生、家长中反应热烈。有很多家长对我的做法表示了大力的肯定并积极配合。那些一开始对中小交接不适应、对我这个新参加工作的班主任表示不信任的家长，也由一开始的怀疑、质疑，变成大力支持我的班级工作并心存感激。

袁同学，小小的个子，却在中学入学的时候着实让老师们“头痛”。他从小学养成的学习习惯并不好，上课常常走神儿，并且有在课堂上与别的同学聊天或者不举手就大声说与课堂无关的话的坏习惯。袁同学的父母都是律师，平时工作非常忙，无暇顾及孩子的学习和生活。不仅如此，在开学之初，袁同学的父亲曾三番五次地以教训的口吻对学校的工作、班主任的工作表示质疑。一开始，我有些委屈，但是我始终对袁同学给予更多的体谅和关心。我注意到袁同学点点滴滴的进步，及时以短信形式或者在家长信中表扬的形式反馈给家长，如“英语课听讲有进步”“电教委员工作十分认真”“有正义感”等。随着一封封周家长信的下发，以及和袁同学家长进行电话交流、当面交流，我发现袁同学的母亲最先对我的工作有了看法上的改变。在临近期中的时候，袁同学的母亲在家长信中写道：“感谢孙老师的辛勤工作，方便了家长与学校、班级的沟通，让我们能了解到自己孩子一段时间来的表现……孙老师前期提出的先抓学习习惯及遵守班规是十分必要的，为今后的学习习惯的培养打下了良好的基础，我们作为家长愿意配合并且十分支持……”

从那之后，袁同学的家长很少对我的工作进行质疑了。而且袁同学的课堂纪律问题也得到了改善，自己对学习成绩也开始上心了，意识到了自己上课的纪律问题和作业完成的问题。而我也在家庭联系本上第一次看到了袁同学父亲的反馈：“袁同学的自觉学习能力确实令我担忧，我总以‘债’的比喻其学过却似未学的知识和未做的作业，这方面家长有督促不到位的责任，我做自我批评。请老师多监督，更希望学生能深知家长和老师的良苦用心，迎头赶上!”

每周一封家长信不仅对后进生有很大的帮助，也对优秀生起到了长久的鞭策效果。葛同学在小学的时候就是一名成绩优异的学生。她刚到这个班集体的时候，就显示出了出众的才华和成熟的班级管理能力。但是，她的才华引起了一些同学的嫉妒，她开始表现出一些浮躁的情绪，同时还有一些对自己优异成绩的骄傲。情绪上的浮躁在成绩上也体现出来。此外，葛同学还向我抱怨，她和爸爸妈妈产生了一些矛盾，如爸爸妈妈很少鼓励她等，弄得她心里很不愉快。

听到这些，我马上找到葛同学，帮助葛同学调整心态，同时也和家长就教育、鼓励学生的问题进行了沟通。她的父母也由对葛同学一味地批评，变为坚持在每周家长寄语专栏对她的学习、生活计划进行细致入微的鼓励，她的父亲写道：“妈妈生日那天，由于有点儿事，我与她妈妈回家比平时晚一些。可当我们回来打开家门时，简直有点儿不认识我们的家了。只见几缕彩条从灯罩上垂下来，上面还有用英文写的‘祝您生日快乐’的彩色纸片，餐桌上摆着一大盒生日蛋糕及礼物，她一见我们回来，立马迎上去说‘妈妈生日快乐’，场面甚是感人。此时我心想，女儿确实长大了，懂事了，知道用平时积攒的零花钱为妈妈买生日礼物了，这说明她已经有了感恩的心，知道孝敬父母了……”

看到学生的点滴进步和家长细致入微的关心与配合，我感到非常欣慰。

五、中小学学生组织、社团与活动的管理

在学生管理中，管理对象包含了班级、团队和学生社团等诸多组织形式。这些管理对象不仅多样化，而且各种组织的性质不同，造成了管理对象的复杂性。

（一）团、队、会管理

共青团是中国共产党领导下的先进青年的群众性组织，是中国共产党的助手和后备军。共青团的基本任务是团结带领广大青年，造就有理想、有道德、有文化、有纪律的接班人，为党输送新鲜血液，为国家培养青年建设型人才。少先队是中国共产党委托共青团领导的少年儿童的群众性组织，在新的历史条件下，少先队工作的根本任务是引导少年儿童有爱心，养成良好的道德行为习惯，增强国家意识、科学意识、劳动意识、审美意识，锻炼强健体魄；培养少年儿童对党和国家的朴素感情。学生会是学生的群众性组织，它是在学校党政和上级学生联合会的领导之下，在共青团组织的帮助下，团结全体学生，积极开展学习、劳动和社会公益活动，促进学生全面发展。

团、队、会组织的性质与任务，决定了对其管理要防止两种倾向：①纯政治化的倾向，即一味地进行政治说教，忽视学生的特点；②纯文娱化倾向，即热衷于文化娱乐活动，忽视甚至放弃对学生进行必要的政治思想教育。学校管理一定要把团、队、会的管理作为自身工作的有机组成部分来抓，要注意将团、队、会的活动计划、班级活动计划和学校的教育计划协调起来，并提供一定的物质保障条件，配备合适的辅导教师，支持和指导团、队、会开展一些对学生有教育意义的活动；此外，还要协调好团、队、会三者之间的关系，根据学生的特点，按照教育规律组织和协调各项活动，充分发挥各自的积极作用。

开展少先队主题教育特色活动，培育和践行社会主义核心价值观

一、要求引领，润物细无声

小学生的心理发展水平和生理特征都决定了他们的认知和成年人的认知是不同的，他们还很难真正理解社会主义核心价值观的内涵。不过不要紧，只要让孩子们把社会主义核心价值观的内容刻到脑海中，就会让他们潜移默化地受到影响，总有一天会生根发芽，长出果实。

我们把社会主义核心价值观的基本内容配上插图、小故事，同时配以小学生能够理解的注释并制作成宣传框，在学校的显眼位置悬挂张贴，让小学生走进校门，就随处可以看到这样的宣传。同时，要求每一个中队都召开主题队会，就社会主义核心价值观的内容展开讨论，通过朗诵比赛、童谣征文、演讲比赛等方式，形象、直观、具体地提出该做什么、不该做什么，让要求看得见、摸得着。

我们要求每一个少先队员每学期都要通读一本关于模范人物的传记类的书，并做好读书笔记，让他们在和优秀前辈的对话中达到“见贤思齐”。我们还通过播放《王二小》等革命影视剧，让孩子们在欣赏中找到自己的“偶像”，树立学习的榜样。此外，学校德育部门制定了活动方案，统一部署，利用晨会、国旗下讲话，动员全体学生学习美德少年，做新时代的好少年。各班开设黑板报学习专栏，召开主题班队会展示、讲解、学习美德少年的先进事迹，并交流自己学习后的心得体会。通过美德少年的学习宣传活动，让学生进一步理解中华美德的深刻内涵，激励学生为他人献爱心、为同学送关心、为长辈尽孝心，争做有理想、品德高尚、充满活力的阳光少年。

二、梦想启程，随风潜入夜

我校扎实、有效地开展“红领巾相约中国梦”主题教育系列活动。

1. 开展“中国梦”宣传活动

利用国旗下讲话、黑板报、校园广播开展“中国梦”宣传学习，从思想上培养学生热爱祖国、热爱人民、热爱中华民族的情感，以及立志为打造美丽“中国梦”而努力学习的精神。

2. 举行“中国梦”主题教育活动

在庆祝中华人民共和国成立65周年之际，我校开展了“庆国庆，圆中国梦”活动，全体师生通过聆听精彩的报告对“中国梦”的丰富内涵和现实意义有了更深刻的认识，进一步鼓舞了全体师生的斗志，增强了全体师生的信心。在六一儿童节，我校开展了以“童心逐梦，幸福成长”为主题的迎六一班级特色庆祝活动，为了满足孩子们的需求，设置了精彩纷呈的活动，包括游艺活动、班级特色展示、文艺表演、优秀学生表彰。在中国少先队建队65周年纪念日，我校“小飞鹰”鼓号队参加了“红领巾相约中国梦”中国少先队鼓号队交流展示活动，荣获“最佳鼓号队奖”，学生接受了来自中央电视台少儿频道、《少年干部》杂志社的采访。

3. 开展“中国梦”主题班会和生动的“与人生对话——我的中国梦”主题心愿墙活动

各班主任分别用观看“中国梦”视频、分享个人梦想、畅谈自己对“中国梦”的理解、朗诵《少年中国说》等方式开展“中国梦”主题班会，全体同学把自己制作的

“中国梦、我的梦”心愿留言粘贴在教室后方的心愿墙上。

4. 开展“童心向党”圆梦系列活动

我校组织各年级开展了“童心向党”歌咏比赛，同学们引吭高歌，唱出了对党、对祖国的深切祝福；唱出了自己的坚定信念；唱出了对美好生活、和谐社会的赞美。

我校通过丰富多彩的“中国梦”系列活动，让学生理解了“中国梦”的历史底蕴和时代内涵，使学生进一步明确了人生理想目标，深刻领会到每个人的前途命运都与国家和民族的前途命运紧密相连，激发了同学们勤奋学习、牢记使命、放飞梦想、励志青春的热情，达到了良好的教育效果。

（二）学生社团管理

学生社团是由在校生自愿组成，以实现共同兴趣、爱好、志向和责任感为目标，有明确的章程，非营利性的自愿参加、自主管理、自觉学习、自我服务的学生群众性团体。

学生社团是学生从自己的兴趣爱好出发，结合学习生活的实际自愿选择的活动，是学生认识世界、改造世界以及探索人生的重要方式，它可以锻炼学生自我管理、自我教育的独立处事能力，促进学生的素质提升，是建构学生自主管理模式的重要组成部分。

对学生社团的管理要坚持正确的价值观，促进学生的全面发展。要制定相关制度规范社团的行为，积极指导学生社团定期开展内容丰富、形式多样、有教育意义的活动。中学生社团与大学生社团相比，中学生组建社团的想法比较简单，在组织协调、社团管理、发展规划等方面没有经验，需要教师和学校给予支持和指导。

学生社团作为学校第一课堂的延伸和补充，在学生管理和校园文化建设中发挥着积极作用。但是中学生社团的工作怎样抓？怎样处理学校管理与社团的关系？怎样促进社团在学生自身发展和学校文化建设中发挥更大的作用？这些都是学校管理者需要认真思考的问题。下述案例对上述问题给出了一些实践与思考。

北京景山学校：学校文学社的发展

学校文学社成立于2001 年 3 月，最初由学校语文组的老师进行指导，旨在为爱好文学的同学们搭建一个平台。在创立的时候有二十多位同学参加，每学期出版一本刊物《攀》。《攀》中刊载了同学们创作的古诗、现代诗、小说剧本、乐评、影评，让学生的才华和个性找到了一个出口。每次期刊一印出来，就被同学们抢购一空。

从2007年开始，文学社不但继续出版作品集《攀》，还在校团委的支持下与《中学生时事报》积极开展合作，鼓励同学们参加学通社，成为小记者，将自己写的各类稿子投到《中学生时事报》中，优秀的文章就能被刊登出来。一些参加学通社的同学通过自己的优异表现，成为学通社的领军人物，如2008级的李昊、2009级的周楠和李瑞、2010级的时昱、2011级的蔡松韵等同学先后竞选成功，担任学通社东城分社的社长，还有许多同学也通过自己的表现成为学通社的骨干成员。与此同时，文学社还与校报编辑部合作，为校报培训记者、提供稿件，文学社一些同学的稿件经常被刊登在校报上。文学社充分发挥自身优势，积极寻找合作伙伴，为同学们搭建更大平台的这一做法大大激发了同学们的热情，参加文学社的人多了，同学们创作的热情也提高了。

2010年9月，学校与中国煤矿文工团建立了合作关系。文学社抓住机会，建立了与中国煤矿文工团的联系，聘请中国煤矿文工团的专业老师和我校语文老师共同指导文学社，使其致力于文学创作、学生校园话剧小品的创作与表演。当年，文学社在时任校团委副书记兼社长时昱同学的带领下开始进行话剧《无人生还》的创作。在一年的时间里，文学社的同学们得到了语文老师与中国煤矿文工团老师的指导，剧本数易其稿，最终完成。接下来在校团委的支持下，时昱同学带领社员进行了相当艰苦的排练，经过294天的排练磨合，终于在5月4日共青团建团90周年、学校52华诞之际将剧目呈现在同学面前。《无人生还》的演出受到了全校同学的热捧，连演了3场，场场爆满。最令人欣喜的是，这次演出引发了不少同学对话剧的兴趣，文学社也实现了从引导同学们展现自我，到引导同学们发现自我的转变，成为我校一个有影响力的明星社团。

综观文学社发展的过程，可以看到一些积极的推动因素：

第一，有一批爱好文学的同学在始终坚持着，十年来，他们对文学的追求没有变，想把文学社办好的目标没有变。正是由于这样一批又一批同学的坚持，共同推动了文学社的发展壮大，并打造了《攀》这样一个品牌刊物。

第二，文学社在发展的过程中，沉稳而有序，在活动方面没有刻意地追求“花架子”，没有追求单纯的活动效果，而是一步一个脚印地往前走，在巩固已有活动成果的基础上，不断开辟新的领域。文学社由一个单纯的文学爱好者的组织演变成了文学交流的平台、学生记者之家、学生校园话剧小品的创作与表演团体。

第三，在文学社的发展过程中，语文组的老师、校团委始终是它的坚强后盾。从创办的时候开始，语文组和校团委就给予了全力支持：帮助同学们向学校申请注册、在文学创作上给予指导；在校刊的编辑出版方面积极联系，在校刊的宣传销售方面调动学生会进行大力配合；指导文学社的换届选举、出面与学通社的老师联系指导文学社的工作；协调学校相关部门为文学社开展活动提供便利、联系中国煤矿文工团的老师给予帮助和指导、协调各部门对话剧的排练予以支持、在话剧演出期间做好后勤服务工作等。可以说，学校的支持为文学社的发展创造了良好的外部条件。

学生社团是学生组成的自治社团，学生自己活动、自己发展、自己管理，每个学生社团都有独具特色的专属空间。学校和学生签订任务合约，为学生社团提供一定的物质保障，即提供专属活动室、启动资金和导师指导。在新一轮基础教育课程改革的条件下，学生社团越来越受重视，它可以为不同的学生提供不同的选择，变约束管理为辅导帮助，学生可以自发参与，有多样的选择。学校社团充分尊重学生的兴趣，充分激发学生的潜力，扩大了学生的交往范围，培养了学生社团的自治能力和民主管理能力。学校在学生社团方面将会有更多的探索和认识。

（三）学生活动管理

拓展阅读

不能把小孩子的精神世界变成单纯的学习知识。如果我们力求使儿童的全部精神力量都专注到功课上去，他的生活就会变得不堪忍受。他不仅应该是一个学生，而且首先应该是一个有多方面兴趣、要求和愿望的人。

——苏霍姆林斯基

学生活动是学生工作的重要内容。在学校的人才培养目标中，要体现出对学生活动的重视。在课程体系的设置中，要为学生活动留出足够的时间和空间。学生参与各类活动，如运动会、文化艺术节、开放日、春秋游、主题教育、社会实践等，对学生成长具有重要价值，不仅有助于培养学生的兴趣爱好，还可以使学生获得全方位的发展，尤其是社会性的培养。

学生活动又分为校内活动和校外活动。校内活动包括运动会、文化艺术节、开放日、主题教育、学校公共服务等。举办丰富多彩的学生活动，可以促进学生间的交流，丰富学生的课余生活，同时培养其兴趣爱好。

丰富学校课间活动　促进学生全面发展

——汉源县开展特色大课间活动激活校园精气神①

阳光跑步、武术操、功夫扇、手语舞、啦啦操、趣味竞技活动……

汉源县教育系统积极响应中小学生每天锻炼一小时的“阳光体育运动”倡导，开展各具特色的阳光体育大课间活动，展示学生大课间风采，促进学生全面发展。

在汉源县大树镇中心小学，除了开展每天早上进行的“阳光大课间”活动外，还在每天下午1点至2点，以及5点左右安排学生锻炼，真正达到培养学生良好锻炼习惯、有效提高学生健康水平的目的。

在九襄镇小学教育集团第三小学，“阳光大课间”共八个乐章，时长30分钟，在原来简单的“出操、做操、收队”活动模式基础上，创造性地融入集体跑步、绳操、德育播报、唱歌等内容，从而将德育教育、艺术熏陶等巧妙融入大课间体质锻炼活动中，形成了“一出，二做，三听，四唱，五演，六跑，七导，八收”的活动模式，让大课间活动内容更丰富，更具特色，也更有意义。

北京市第十五中学：丰富多彩的学生活动②

在北京市第十五中学，学生们自我展示的空间很大，自我发展的机会很多。

最突出的学生活动，还要数十五中的午间音乐会。其目的就是打造一个大众的精

① 雅安日报．丰富学校课间活动 促进学生全面发展［EB/OL］．(2020－11－24)［2021－09－03］．https：//news. beiww. com/yayw1763/202011/t20201124_952468. html.

② 陈达．郤亚臣：教育贵于薰习，风气赖于浸染——专访北京市第十五中学校长郤亚臣［EB/OL］．(2011－12－8)［2021－09－03］．http：//roll. sohu. com/20111208/n328357403. shtml.

品文化。现在，十五中的特长生很多，有弹钢琴的、拉小提琴的、唱歌的等。为了给他们一个展现的机会，学校利用中午的时间，不定期举办小型音乐会。四五个人就搭一台戏，四十分钟演完，到目前已经举行了十八期，效果非常好，其中也不乏学校自己的“钢琴王子”等顶尖高手的光彩绽放。郃校长看重的是学生的感觉，这是一种情调培养、一种精神领域上的别样空间。

还有一个品牌学生活动，就是十五中的学生讲坛。“我可以很自豪地讲，学生的表达水平是不亚于老师的，登上讲坛的学生讲社会时政、讲收藏鉴定、讲学术等，他们讲得头头是道。学生讲坛和老师讲坛一样，要戴徽章，现在已经进行了十六讲了，水平非常高。”

目前，十五中已有午间音乐会、午间剧场、诗歌节、英语周、艺术节、科技文化节、周口店野外考察、心理文化周等多个文化品牌，还有合唱节、足球联赛、篮球联赛、元旦晚会等，十五中的学生会主席竞选和主持人大赛更是体现了智慧的现场感。总之，学校通过这些活动，为学生提供了更多的机会，让他们走向更大的舞台，让他们的才能得到淋漓尽致的展现。目前，学校拥有奥林匹克机器人竞赛、数学知识应用与建模、电影与写作、读诗与成长、生命伦理学、生活中的化学、社会与自我、素描实践、摄影技艺、板球、击剑等四大类七十多门特色校本课程。

十五中毕业生具有强劲的竞争力，在优秀生源占有率不高的情况下，高考贡献率始终位列宣武区前茅。2006 年宣武区文科高考前五名学生中，十五中有三名；理科前五名中，十五中有两名，付潇鹏同学为宣武区理科状元。2007 年在十名同学进入清华大学、北京大学的同时，令学校自豪的是有八位同学考入了中央美术学院、中央戏剧学院等顶尖艺术院校，多名同学考入了复旦大学、南开大学等知名大学。杜古丽同学为宣武区文科状元。

校外活动是带孩子走出校园，让他们在活动中拓宽视野、在实践中获得更多知识。目前，校外活动主要有学生校外社团活动、兴趣小组活动、学科培训活动、体验式学习活动和为特殊少年儿童群体提供的校外教育服务（也称青少年社会工作）。关于校外教育，中共中央办公厅、国务院办公厅 2006 年印发的《关于进一步加强和改进未成年人校外活动场所建设和管理工作的意见》指出，积极促进校外活动与学校教育的有效衔接，要实现校外活动的经常化和制度化，要把学校组织学生参加校外活动以及学生参加校外活动的情况，作为对学校和学生进行综合评价的重要内容。

在政策文本中，从社会意识形态角度将校外教育界定为“青少年全面发展的实践课堂”，实际上关注的是个体生活所形成的意识形态，是在人的发展语境中讨论问题，强调育人的独特性。校外教育即以学习者为中心，尊重人发展的多样性和差异性，摆脱学科知识的束缚，让学生在综合实践活动中学会学习；融多种学习内容于活动之中，让学生完整地了解社会、品味生活、理解人生；集多种学习方式于一体，让学生在参与和体验中成长。

无论是校内活动还是校外活动，都要做到活动常规化，建立长效机制，要把学生的活动参与情况纳入评价。美国、日本等国家的学校，每天下午两点半到三点半就可以放学。但学生们不是纷纷回家，而是留下来参加学校里的各种社团活动，包括辩论俱乐部、体育活动、乐器演奏、演讲比赛等，或者去医院参加义务劳动、参加其他的社区活动①。在美国，要想申请名牌大学，必须有丰富的课外活动经历。美国的学校比较看重学生参加的社区服务，学生在4年内需要完成40~80小时的社区服务，在社区的某个机构服务后，对方会给出一个反馈，如果学生没有完成规定的社区服务时间，其在申请大学时会受到影响。所以，一些学生会选择在寒暑假多做一些社区服务。日本有非常丰富的校外教育设施和资源，孩子们可以充分利用公民馆、博物馆、图书馆和各种青少年设施开展活动。日本的政府也为孩子们制定了类似于“儿童体验活动信息册”的手册，帮助孩子们度过一个踏实而有意义的暑假。手册里按愉快的时间、和生物在一起、参观公共设施、动手制作、学习和思考、鉴赏和修养、展览会和特殊活动、体育运动、亲近大自然等项目分类，在市内主要公共设施和民间机构中特意每年为儿童的暑假安排一百多个活动。

案例九

日本中小学“特别活动”②

“特别活动”是当今日本中小学教育的一个重要环节和领域，也是促进日本学生全面发展的一个重要途径。在日本中小学校，“特别活动”与学科课程一起构成学校课程

---

① 刘峥．美国中学生：最青睐学校俱乐部与社区活动［J］．课堂内外：初中版，2010（5）：7．

② 张梅，胡学亮．对重视培养学生社会性的日本中小学“特别活动”的考察［J］．教育科学研究，2015（9）：69－72．

体系的一个重要组成部分，是通过团体活动和体验活动，以培养学生社会性知识、态度和能力为主要目标，以学生为主体的有目的、有计划的教育活动。1958年，日本从法律上将“特别活动”列为日本中小学必须实施的教育活动，同时还对“特别活动”的课时、内容等进行了统一的规定和要求。2008年，日本中央教育审议会将“培养学生社会性”作为日本中小学“特别活动”的一个重要教育目标。此后，社会性成为日本教育研究和实践的一个热门课题。

培养学生社会性的“特别活动”实例

日本的中小学“特别活动”由班级活动、儿童会或学生会活动、俱乐部活动和学校例行活动等几个部分组成。这里以日本福冈市某小学六年级开展的一次班级活动为例，探究、考察日本中小学“特别活动”的实施过程和基本特征。

该班级活动的主题是“一起制定六年级（1）班的营养午餐规则吧”。之所以要实施这样的主题活动，是因为该班在营养午餐时间出现了以下现象：①若教师不提醒，值班学生或忘记搬运饭菜，或花费很长时间搬运；②由于营养午餐搬运时间过长，因而学生用餐时间只能后延，面对抱怨，值班学生一直没有改善的意愿；③许多学生批评值班学生不认真、没有及时准备午餐，而值班学生指责其他同学在教室追逐打闹，影响了午餐的准备工作；④午餐之后，学生会把显眼的地方打扫得干干净净，其他地方则敷衍了事；⑤学生都发现和意识到了这些问题，但缺少自主解决问题的意愿。

针对上述问题，该班级试图通过学生自主组织、参与和讨论，制定出一个全班学生都能接受并能执行的营养午餐规则。活动过程如下：

1. 班级活动前的准备

在正式实施班级活动之前，“准备委员会”的同学就营养午餐问题对全班同学实施了问卷调查，并召开“准备委员会”会议，为班级活动做准备。同时，要求每位同学独自思考班级营养午餐规则，并把自己的意见预先记录在笔记本上，以便在班级活动中提出和讨论。

2. 班级活动的实施

本次班级活动完全由学生自己组织和实施，由“准备委员会”的同学主持。学生们把课桌拼成方形会议桌，便于每位同学面对面地讨论和协商。

（1）确定本次班级活动的目标和任务。首先，“准备委员会”的同学根据问卷调查结果整理营养午餐所出现的问题；其次，每位学生思考营养午餐问题产生的原因，并交流自己心目中理想的营养午餐样态；最后，学生讨论、确定这次班级活动需要解决的问题，并将活动议题定为“一起制定六年级（1）班的营养午餐规则吧”。

（2）对话、协商营养午餐规则。在教师的提示下，学生思考什么是好的规则、哪些因素会影响好规则的制定、规则制定后如何让同学们有效执行等问题。其后，学生听取“准备委员会”关于营养午餐规则的提案，并就营养午餐的规则进行对话、协商和讨论。当协商出现只要求一部分人忍耐或者不尊重少数人的意见时，教师及时提醒学生注意人权的含义，促使学生重新思考提案；当教师发现有的学生主动改变自己的主张，接受他人的合理建议时，就及时给予表扬和鼓励。

（3）决定营养午餐规则。在全班学生讨论、协商的基础上，制定出该班营养午餐的3项规则：①值班同学在5分钟之内准备好营养午餐；②其他学生帮助值班同学收拾课桌；③学生们在准备午餐的时间里默想或读书。教师提醒每位学生要对营养午餐规则进行确认，并引导全班学生克服困难、努力遵守规则。

（4）教师总结发言。教师对学生们能独立思考以及协商营养午餐规则的行为表示赞赏，并希望大家能把这次获得的宝贵经验应用到解决班级其他问题上。

3. 班级活动后的跟踪和评价

在实际班级生活中，学生们能否遵守商定出的营养午餐规则呢？在两个星期的营养午餐规则试行期里，有的学生提出“默想没有什么意义”“如果不说话的话，睁开眼睛为何不可”等意见。之后，大家利用晨会时间，根据营养午餐在试行期间出现的问题，对原来的规则进行了修改，新规则将原先的第③项改为“在准备午餐的时候，同学们可以看书，也可以小声说话”。

（四）为学生创设广阔的求知空间和数字校园

互联网凭借其方便、快捷、全面的特点已成为学生获取各种信息的主要来源，为学生成长提供了便捷的途径和广阔的求知空间。

学生自主管理要重视网络资源的开发。通过校园网络平台、微信等信息平台，可以将班级教育由课堂延伸到课外，由校内延伸到社区。通过网络，学生可以跨班交流，这有助于扩大学生的交往范围，促进学生青春期心理的健康发展。

案例十

网上夏令营实践感受

暑假中各种各样的活动丰富了我的生活，给我带来了很多收获。其中由北京市中小学生数字德育网开办的网上夏令营更是令我记忆犹新，受益匪浅。

我参与了以“铭记抗战历史，弘扬传统文化”为重点的 5 个栏目的互动活动，包括“铭记历史”“爱北京爱家乡”“书海泛舟”“幸福成长”和“我参与我实践”。

今年是一个具有特殊意义的年份，是抗战胜利 70 周年，这是一个举国欢庆的日子，当然，我们在开心欢庆之余更不会忘了那段惨痛的历史带给我们的教训。学校通过这次网上夏令营，再一次重现了历史，把那个战火纷飞的年代带到我们眼前。我深刻地感受到日军的血腥残暴，同时又体会到了中国抗日部队虽然缺少先进的武器、专业的人员，却拥有智慧，与日军周旋，英勇杀敌最终取得了胜利。我们的胜利是必然而又来之不易的。落后就要挨打、软弱就要受欺，这句话无论放在什么地方、什么时间都是成立的。所以要想不挨打、不被别人欺负，就要强大自己，这使我感受到了作为一名中国人身上需要承担的责任，也是我们每个人都要履行的义务。要想武装自己，必须先学会学习，知识是最有用的武器，这使我更加懂得学习的真谛！

这次网上夏令营活动让我感到无比幸福。其展示了惨痛的历史教训，又展示了现在美好的生活。现在的生活是先辈们抛头颅、洒热血换来的，这样的幸福来之不易，我更加热爱现在的生活、现在的北京、现在的家。

同时我又通过“书海泛舟”这一栏目，重温了中华文化精髓。我了解了中国现代、当代的优秀文学作品，这些都是宝贵的财富、知识和人生经验的沉淀。对学生而言，阅读是必不可少的，是获取知识的必经之路，无论这个社会如何发展、科技前进的步伐有多快，都不会封杀阅读，反而让人更加依赖阅读。为了进一步提高自己的写作能力以及各种技能，我会爱阅读、多阅读。

这次网上夏令营的活动很有意义，这是传统文化与历史的结合，也是借助网络传播历史的新途径。它带给我的不只是教育指导，更是一种深入人心的精神激励，这种精神是奋斗、努力、进取的精神。

案例十一

人大附中：促进未成年人健康成长是学校首要工作①

多年来中国人民大学附属中学（简称人大附中）一直严格落实保护职责，将保护和教育相结合。

一是学校制定并落实严格的休假、休学、复学制度，保障每名学生的上学权。学校不仅仅是不让学生辍学，还要帮助学生克服困难完成学业。对于因各种主客观因素暂时不能正常上学的学生，人大附中制定了一套严格的休假、休学制度。

二是学校禁止教师对学生体罚或变相体罚，也不允许有任何侮辱人格的语言暴力。一旦教师出现出格言行，学校都会深入调查、处理。对于起哄、起外号之类的语言欺凌现象，学校也非常重视，从新教师入职培训开始，就引导教师掌握细心辨识、还原真相、及时处理、良性引导的应对措施。

三是学校高度重视学生的心理健康，配备实力雄厚的心理健康师资队伍，开设心理健康教育课程、提供心理咨询服务，并形成心理危机干预制度。

四是学法、知法、守法，增强学生自我保护的意识与能力。学校组织开展形式多样的法治教育活动，比如参观法院、参加法治课堂、模拟法庭辩论等。

五是将“入职查询”加入学校的《教师选聘办法》。

六是管理学生使用手机，防止学生沉迷网络。

七是家、校、社协作，为未成年人提供保护屏障。

中国人民大学附属中学校长刘小惠特别指出，规则意识的树立，就是对学生的最好保护，“今年教育部制定颁布《中小学教育惩戒规则（试行）》，我校认真组织学习宣传。我校法治副校长是来自海淀公安局法治支队未成年案件审查中队的队长，他定期到学校参加活动，还协助家长解决矛盾，解除了一些潜在的危机。同时，我们还非常注重周边环境的管理，学校周边几乎没有游动商贩和售卖不适宜未成年人的商品。上学放学高峰期，有海淀派出所警官轮番值岗。”

---

① 林焕新，高毅哲．人大附中：促进未成年人健康成长是学校首要工作［N］．中国教育报，2021－06－01.

案例十二

不是学生，是我们自己的问题

——发生在初一（9）班的故事

2013年春节过后，我去初一（9）班调研听课，发现整个班与年前相比竟然是一个天上一个地下。初一（9）班的整体面貌与年前相比出现了极大的反差，正能量严重不足，“正气压不住邪气”，班风、学风、成绩一直下滑。

许多学生，特别是男生，人数虽然不多，但是形成了以调皮捣蛋为荣，以说怪话和调皮话、接下腔和出风头为乐的风气。3月21日，第一次学科质量过关测评结束，24日整个学校各班结果全部出来后，初一（9）班的成绩一塌糊涂。语文平均59.23分，数学平均52.55分，英语平均只有36.19分。

班中有个学生叫聪聪，语文只得了9分，数学得了0分，英语得了8分，就连班主任杨××教授的思想品德学科，他也只得了23分。成绩册出来后，这个学生说，数学测评的时候，自己睡着了，语文和英语自己不想过关测评，马马虎虎应付了一下。

担任这个班语文课教学的是何××，她正是年富力强、经验成熟的时候，对工作非常认真负责，事业心也强。我暑假开学从化工厂学校调到化肥厂学校，听过她三次课，她的课堂组织非常棒，并且每一次都有新的进步，对学生学习方式方法的尝试和探索非常符合学生的年龄特点和认知特点，初一（9）班的学生都很喜欢她的课。

有一次听课，我坐在班门口最前面，面对着学生，何老师讲《孙权劝学》这一课，她的设计思路充分体现出她要把学习和思维的权利、把学习的时间和空间还给学生。但是，整个班级的学生有一半状态都不在课堂上，这可是学校组织的教研活动啊，校长还在前面坐着啊，那平时呢，平时上课肯定比今天更加糟糕啊。有个男孩就坐在第一排我的对面，一节课竟然有四次想打瞌睡，知道我就在他前面坐着，于是勉强用手托着下巴。这是何老师的课，那么其他学科呢？

为什么会出现如此大的反差，难道仅仅是因为过了一个春节吗？年前表现很不错啊。原因究竟何在？是学生的原因还是我们的原因？

其实仔细分析就会发现根源在我们身上：有任课教师的，有学校教育管理的，除此之外别无其他。原因无非是以下两点。

一是班级教育和管理的问题。初一年级不同于小学，孩子小升初的新鲜劲儿已经过了，军训的效果和功用也已经消失，需要的是系统的行为习惯教育以及管理。像小明、小华、小伟、小友、小杰（均为化名）这几个男生，年龄都在13~14岁，正是需要引导和管理的关键时期，一旦引导和管理跟不上，这个年龄最容易出现问题。不仅是男生，女生同样正处于叛逆期，这些孩子在这个年龄段需要的是引导，高压不行，任其自流更不行。班主任杨××人品厚重，是典型的老实人，工作非常认真，每天都待在班内，但是不会对学生进行疏导，不会通过生动的案例和故事教给学生怎么才是成长和长大。学生不守规矩时他虽然能及时发现，但教育方法不对。对于学生的小毛病，他提醒学生，学生不听；对于学生的大毛病，他大声责骂学生，学生更不听，甚至跟他对着干。另外，这与教务处班主任人选的确定也有很大关系，这是学校方面的问题。

二是教师合力的问题。整个班级的任课教师没有形成合力，语文、数学、英语、政治、历史、地理、物理、化学、生物，再加上音乐、体育、美术十几个学科老师，除了班主任杨××和语文老师何××外，其他几个学科的老师自身都不在工作状态。这个班的数学老师闫××，上课时对学生要求不严格，教学没有一点儿激情，学生学不学、怎样成长好像与自己一点儿关系都没有。英语老师张××、地理老师刘××也差不多如此，对他们而言，教育就是一种谋生的职业。如英语老师张××，是个大男子汉，又是英语专业本科毕业，教初中一年级，班级平均分只有30多分，按说应该进行自省，但是，教务主任也好，业务校长也罢，谁都不愿意和他谈，他们都反映，该同志多年来一贯如此，从来不从自身找原因，连“做一天和尚撞一天钟”的境界都没有。教师的积极性和主动性与学校岗位聘任制度和绩效分配有极大的关联，讲奉献、讲敬业、讲职业操守是一个方面，另一方面，对人的管理要依靠制度，要让制度说话。

学生刚上初一，并且只有一个学期，撤换班主任和任课教师显然不理智。我刚任职半年，学校140多名教职工的各种人事关系我自己都还没有弄明白，岗位聘任的设想还没有向老师们渗透，绩效工资平均发放的沿袭还不到大刀阔斧改革的时机。传统的绩效工资制度、评优评先评模制度不能起到激励作用，造成学校整个教师队伍中有一种以不担课为目标的风气。在这种风气下，也是这个班十几名任课教师无法形成齐抓共管局面、无法形成合力的关键所在。教师工资本来不归学校管，而是由县财政直接下发给他们，他们的绩效工资也没有很大的区别，教学质量好与坏都是那么多。

怎么办？四条措施：

第一条，首先由我、两个副校长，再加上政教主任和教务主任五个人从周一到周五每人盯初一（9）班一天，从早操到晚自习一刻不落。一所学校，还有什么事比学生的事情更重要？其实孩子们是可爱的，我第一次执行盯班任务的时候，早操我单独带，立正、稍息、左右看齐各种要求，只用两分钟，就让整个班迅速拧成了一股绳。学生是游离还是跟着集体，我从他的眼神、面部表情、体态表现一眼就可以看得出来。跑步的姿势、步伐的整齐、口号的响亮程度统统从严要求并予以鼓励，孩子们找到了集体的感觉，非常好。晨读、上课、阳光大课间，一天时间初一（9）班变成最好的班。

第二条，针对构思好的岗位设置、绩效标准、评优评先管理办法，向全体老师征求意见。下学期实行岗位聘任，无岗落聘绩效工资为0；提高并落实课节费制度，一线教师绩效要高出工勤岗位一半；评优评先晋级晋职必须在一线教师中产生。解决教师不在状态的问题，从制度方面解决无法形成合力的现象；结合平时收集的学校正能量的表现事例、照片和视频，将之做成PPT，全体会上集中讲《爱心、良心、责任心》，从内鼓舞士气。

第三条，给这个班所有任课教师开座谈会。要求教师课上课下尽职尽责，不能把事情推给班主任，那是自己的学生。明确告诉他们，一个老师，任由学生在自己课上说怪话、接下腔，学不学不管，听之任之，学生不会自己坦然处之，这样的老师没有责任心。如果是自己的孩子，你愿不愿意让他跟着这样的老师？我们说教师要讲良心，那是因为我们的教育关系一个孩子的一生，关系一个家庭的未来。虽然话说得很重，但是后来发现，老师们还是有责任心的。

第四条，将每周二下午第三节课定为初一（9）班的固定班会，第一次由我组织，下一次由班主任组织，以后慢慢放手由学生自己开展。班会上，我给他们准备的主题是“做最优秀的自己”，让学生知道自己应该成为什么样的人，应该怎样去做才是真正的成长，使处于成长迷惘期的他们明白什么是美、什么是丑，哪些是对的、哪些是错的。

发生在初一（9）班的故事说明，学生表现不好不是学生的问题，而是教师的问题。有时候是责任心、有时候是方法，更多的时候是机制、是管理，只要我们每个人都承认是我们的责任、我们应该为此负责，那么事情就有了希望。

当前，学生管理工作也开始重视为学生提供生涯咨询服务，制定生涯规划成为学生管理的重要内容。人的生涯发展是一个持续的终身发展过程。生涯规划包括自我发展、生涯探索和生涯管理等内容。人在不同的年龄阶段，其生涯规划的目标也不同。通常小学阶段为生涯认知阶段，学生在这个阶段需要了解周围的工作环境和其他广泛的职业知识，并了解自身与工作世界的关系；初中阶段为职业生涯探索阶段，学生在这个阶段要有机会深入了解他们所知道的职业群，通过实习、参观、访问等各种方法获得具体切实的职业体验；高中阶段为职业生涯准备阶段，学生在这个阶段须学习职业领域的有关入门技能，具有从事技术性工作的能力，或具有进入专科教育的知识准备，为自己顺利进入工作世界奠定基础。

本章小结

学生管理特指学校中的管理行为，是指在中小学与课程、教学工作并列的，为促进学生发展而开展的各类学生制度建设、文化建设与具体活动等。学生管理是学校管理的重要组成部分，是学生发展不可或缺的工作，是学校办学质量的重要体现。

学校要适应学生，就是要适应学生身心发展的特点，包括生理发展和心理发展两个方面。要根据学生生理发展的特点，合理安排学生的学习活动时间，安排适当的体育锻炼和户外活动，培养学生正确的坐立行走的姿势，保证学生在学习生活的场所空气清新，注意营养供给，对小学高年级和中学生还要注意进行科学合理的青春期教育。青少年学生心理发展的基本特征主要有：情感丰富、强烈，但不够成熟、稳定，容易冲动失衡；兴趣广泛，爱玩好动，广交朋友，由于鉴别能力、判断能力和选择能力不足，容易受社会不良风气的影响；意志逐步确立，但处于不完善、不稳定的状态之中，坚毅、顽强的意志是青少年必备的基本素质之一；智力发展日趋成熟。

在较为琐碎的学生工作管理日常事务中，需贯彻以下原则：尊重学生的人格与个性；理解学生的思想和行为；相信学生的本质和潜力；“用心”管理，真诚激励；明确制度，奖惩结合；多元激励评价学生；教书育人，全员有责。

学生管理工作是一个复杂系统，也往往是教师精力投入较多的领域。学校需要以3~5年为一个周期，组织、开展学生管理工作的规划。对学生管理工作的整体规划要形成具体的规划文本，文本中应包括目标和具体的规划内容。

班主任培养是学生管理工作的重头任务。可以通过一些行之有效的途径开展队伍培养：做好思想引领，不断更新观念；通过培训学习提高业务能力；培养骨干或榜样班主任；构建班主任文化。

班级管理的重要任务是推动班集体的建设，可以通过提高班级自我教育管理能力、班和小组建设促进学生的伙伴成长、开展丰富的班级活动、重视家校联系等方面进行班集体建设。

中小学学生组织、社团与活动的管理也是学生管理的重要组成部分，组织好这些活动可以丰富学生的校园生活，营造积极向上、健康文明的校园文化氛围。

思考题

1. 简述青少年学生身心发展的基本特征。

2. 谈谈你对中小学学生管理的基本原则的认识。

3. 班主任如何开展班集体建设？

4. 请联系某学校的学生工作负责人、政教主任或班主任，了解当前中小学学生工作的现状、问题，并谈谈你对这些问题的改进建议。

5. 请采用各种资料收集方法，收集2～3个中小学校学生管理工作的优秀实践案例。

第五章

教师管理

学习目标

1. 掌握激励理论和教师激励的策略。
2. 理解两种不同的教师评价制度。
3. 理解校本研修。

导学材料

强调竞争的学校管理①

因干部人事调动，学校来了一位年轻的新校长。新校长上任后，大张旗鼓地强调竞争。他说没有竞争就没有活力，学校就不能前进。于是在管理活动中开展了各种名目的竞争。量化评分的内容包括教师的出勤、工作量、教学成绩、教研成果等方面。一开始，学校人心振奋，但时间一长，问题也就出来了。许多教师为提高教学成效，争占学生的时间，一部分教师热情减退，甚至还有少部分教师为争先进，扯皮揭短。该校的王老师是一位优秀教师，学校自提倡竞争

① 温州大学来新安教授的复习题．学校管理案例分析［EB/OL］．（2013－11－14）［2021－09－03］．https：//wenku. baidu. com/view/3a9cb037227916888486d771. html. 引用时有修改。

以来，他的积极性很高，所教学生本学科分数有所上升。但其他教师都不愿与王老师共同教一个班，教师之间本来和谐的关系变得紧张起来。而且每次评价结束后，许多老教师的积分都非常靠后，与“优秀”无缘。于是，老教师们怨声载道，工作中出工不出力，甚至“破罐子破摔”，只盼着退休那一天早点儿到来。

面对这样的情况，学校里几位老教师看在眼里，急在心里，但因为校长是新来的，交流和沟通还不是很多，于是老教师们就找到了在学校负责党务工作多年的赵书记。

【问题思考】

（1）明明是“公平”的制度，为何没起到应有的激励作用，问题究竟出在哪里？

（2）面对老教师们的担心和忧虑，假如你是那位赵书记，你准备如何和老师们交流、沟通？

（3）针对新校长的管理改革，作为多年参与学校管理的书记，你打算如何就改革中取得的成效和出现的问题与新校长进行有效沟通？

本章内容导图

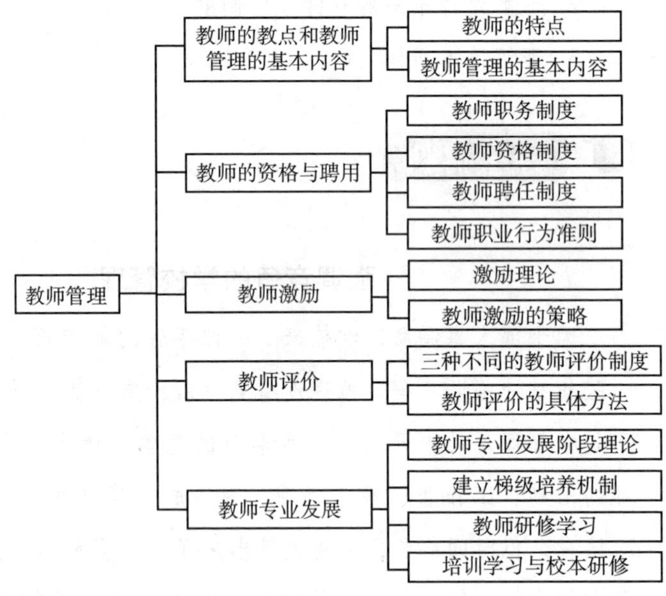

一、教师的特点和教师管理的基本内容

教师管理是学校管理的核心内容之一。教师管理的目标不是“管”教师，而是通过建立科学合理的教师管理制度，为教师提供必要的支持和帮助，实现教师的发展和教师人力资源的开发。如何推动教师的发展？如何激发教师内在的活力？是教师管理要回答的基本问题。

（一）教师的特点

要实现对教师的科学管理，首先要了解教师这个群体。教师是履行教育教学职责的专业人员，承担教书育人，培养社会主义事业建设者和接班人，提高民族素质的使命。教师处于教学的核心，是各级教育政策的执行者，是课程的实施者和学校教育教学理念的诠释者，对学生在学校所接受的教育质量和效果会产生重要影响。陶行知先生说过，“在教师手里操着幼年人的命运，便是操着民族和人类的命运。”日本教育社会学家永井道雄指出：“办好教育的关键，第一在教师，第二还在教师。”

了解教师，要回答以下问题。教师有哪些特点？他们存在哪些需求？在众多因素中，哪些因素较能影响教师的工作积极性？

首先，作为育人工作者，大部分教师有其自身的内在工作动机与道德责任感，且具有较强的被尊重的需要。大多数教师是热爱学生的，对自身的教育教学工作怀有较高的责任感。在美国当代教育管理学家托马斯·J. 萨乔万尼（Thomas J. Sergiovanni）的案例中，在一所没有专门明确教师工作时间的学校，学生下午 3 点放学，但多数教师都会在学校继续工作直到下午 5 点才会离开学校。学校管理者在开展教师管理时，持续的、频繁的、过度的外部奖赏或惩罚，管理措施过于功利、刚性，会弱化大部分教师由于工作本身的原因和道德的原因而努力工作的动机。在下述案例中，我们可以看到刚性的管理制度对教师管理带来的负面效果。教师作为知识分子，希望在学校得到尊重、信任，有归属感、安全感，能够获得较好的成就感和自我实现，这些偏向精神需求的因素，是影响他们工作动力的重要因素。

拓展阅读

教师管理故事一则[①]

萨乔万尼给我们讲了一个很有趣的故事：设想在一所没有专门明确教师工作时间

① 王先保. 教师激励的人性假设［J］. 当代教育论坛（上半月刊），2009（5）：17－18.

的学校，学校期望教师做他们的工作并把工作做好，而且相信教师有能力确定他们自己的上班时间。大多数教师很少在下午5点——学生离校后整整两个小时之前离开学校。他们留在学校，一方面是因为他们感到工作有趣，而且因为从事一种有益的工作而获得满足；另一方面是因为他们感到对学生有一种责任感和义务感——这是内在的和道德的原因。但其中有两位教师老是在学生放学后五分钟就离开学校。学校管理层意识到他们早早离校是一个问题。结果，管理层下达了一项规定，要求所有教师不能在下午3点30分以前离校，并奖励执行者，处罚不执行者。很快，绝大部分教师都在下午3点30分或3点30分稍过就离校了。

其次，教师所从事的教学活动，是培养人的活动，是一种特殊的、不可和其他任何生产劳动相提并论的活动，具有高度的个性化、创造性和复杂性。育人目标的多元性，育人成效的延迟性，都使得教学工作成为社会生活中最复杂的职业。教学是一项研究人的活动和学问，它的培养对象——学生经常在变化，不停地在成长，需要教师不断深入其内心世界去研究。教师身上担负着的特殊责任，使他们长期处于脑力紧张状态。日本教育家佐藤学（Manabu Sato）认为，与其他专业相比，教师的能力确实是复杂而综合性的，具有专门知识、科学技术所难以涵括的“不确定性”。

正是由于教师工作的创造性和复杂性，教师需要处于一种能够赋予他们高度教学自由的、友好的、宽松的工作环境，而这与学校管理制度追求的有序、高效之间存在一些天然的矛盾。一些刚性的管理制度，包括严格的考勤打卡、繁细的奖优罚劣制度等，往往会遭到教师的强烈抵抗。对教师的管理，现代管理更多提倡科学化管理和人性化管理的兼容，尤其要适当采用柔性化管理、民主参与管理，而不能一味地主张刚性管理、权力管理、效率至上管理等，要注重学校内部人际关系的建设以及教师发展机会的提供。正是在这个意义上，苏霍姆林斯基认为，校长对教师做工作的主要方法应是：进行个别的、亲切友好的、推心置腹的谈话。他认为对教师不好的行为不应采用压服和强迫的行政手段，特别强调不让教师在其创造力形成的年份里被一些无谓的事情弄得精疲力竭，强调校长对教师的信任和爱护。他提出，有效开展学生全面发展工作的一个最重要的条件，就是教师集体要有丰富多彩的智力生活，要有多元化的兴趣、广阔的眼界、完全的钻研精神和对科学新事物的敏感性①。

---

① 蔡汀，王义高，祖京．苏霍姆林斯基选集（五卷本）：第4卷［M］．北京：教育科学出版社，2001.

（二）教师管理的基本内容

做好教师管理工作，是摆在每一位教育管理者面前的首要任务和关键难题，只有有效的教师管理才能催生教育成功的学校。在学校管理中，理想状态是学校能带出这样的一支教师队伍：专业配套、协调配合、结构合理、数量适度、具有较高素质和较强科研能力，然而，现实的状况可能是教师队伍质量不高，师资短缺、士气低落、人员结构不合理，优秀教师流失严重等。

根据人力资源管理相关理论，人力资源管理工作所涵盖的内容可以分为六大模块：人力资源规划、招聘与配置、培训与开发、绩效管理、薪酬福利管理、劳动关系管理。在学校教师管理中主要体现为教师的选、用、育、留四个方面的问题。

1. 教师的任用

教师的任用，即制定教师队伍发展规划，对外招聘教师，对内进行教师岗位的聘任。

2. 教师的激励

教师管理的核心是调动教师工作的积极性、主动性和创造性。

3. 教师的培养与提高

教师的培养与提高，是教师管理的重要方面。教师作为专业化人才，不仅要接受入职前的培养，还要在入职后参加继续教育，不断学习新理论、新知识、新方法，丰富知识储备，完善知识结构，增强教育教学能力，提高教育教学水平。

4. 教师的考核与评价

教师的考核是指根据学校的性质、任务和培养目标，应用科学的程序和方法，对教师的素质，履行职责的态度、表现、成绩等情况进行全面、科学、准确的评定或评审。教师评价是在考核的基础上，对教师的工作及其成效作出科学、公正、客观的价值判断。教师的考评工作是教师管理的重要环节，是合理晋升教师的依据，也是科学安排和管理教师工作的基础。当前我国把师德师风作为评价教师队伍素质的第一标准，对教师的考核与评价要同时注重其师德师风表现和教学表现。

二、教师的资格与聘用

根据《中华人民共和国教师法》相关规定，我国教师任用的相关制度主要包括教师职务制度、教师资格制度和教师聘任制度。

（一）教师职务制度

2015年人力资源社会保障部和教育部联合发布《关于深化中小学教师职称制度改革的指导意见》，深化中小学教师职称制度改革，围绕健全制度体系、完善评价标准、创新评价机制、实现与事业单位岗位聘用制度的有效衔接这几个方面，建立统一的中小学教师职务制度。

（二）教师资格制度

《中华人民共和国教师法》第十条规定："国家实行教师资格制度"，并规定"遵守宪法和法律，热爱教育事业，具有良好的思想品德，具备本法规定的学历或者经国家教师资格考试合格，有教育教学能力"，并"经认定合格"的中国公民可以取得教师资格。《教师资格条例》规定"国务院教育行政部门主管全国教师资格工作"，并就教师资格分类与适用、教师资格条件、教师资格考试和教师资格认定等作出具体规定。不仅公立和民办学校从教需要教师资格证，校外培训机构的教师也需要考取教师资格证。教师资格证考试人数近年来屡创新高。据教育部官方统计，2019年下半年中小学教师资格考试考生人数再创新高，高达590万人，考试科次1 237万科次，考生人数比上半年增加一倍多，加上上半年考生人数290万，全年考试人数近900万人。①

① 中华人民共和国教育部.2019年下半年中小学教师资格考试人数再创新高 提醒广大考生诚信应考［EB/OL］.(2019－11－01)［2021－09－03］. http://www.moe.gov.cn/jyb_xwfb/gzdt_gzdt/s5987/201911/t20191101_406541.html.

（三）教师聘任制度

根据《中华人民共和国教师法》第 17 条规定："学校和其他教育机构应当逐步实行教师聘任制。教师的聘任应当遵循双方地位平等的原则，由学校和教师签订聘任合同，明确规定双方的权利、义务和责任。实施教师聘任制的步骤、办法由国务院教育行政部门规定。"可见教师聘任制，聘任双方基于相关法律法规，本着平等自愿的原则，学校或者教育行政部门基于工作的需要和职务的要求，以签订合同的形式聘请具有教学经验或教师资质的人担任教育教学工作的任用制度。教师聘任制按其聘任主体实施行为不同可以分为以下几种形式。

（1）招聘：用人单位面向社会公开、择优选择具有教师资格的应聘人员。

（2）续聘：聘任期满后，聘任单位与教师继续签订聘任合同。

（3）解聘：用人单位因某种原因不适宜继续聘任教师，双方解除合同关系。

（4）辞聘：受聘教师主动请求用人单位解除聘任的合同行为。

教师聘任制是我国教师人事管理改革上的一种探索，也是国际上比较普遍的做法，引入竞争机制，有利于促进人才合理流动，打破教师终身任用制，优化教师队伍，扩大校长办学自主权，打破"大锅饭""平均主义""人浮于事"的局面，激发教师工作的积极性，提高教育质量。在具体操作中，应坚持以人为本、科学规范和公开公平公正原则，客观体现教师职业道德、业务水平和工作业绩情况，学校在教师聘任管理上可以运用"双向选择""择优聘任""统筹兼顾"的办法。

"双向选择"是指教师和学校在聘任工作中经双方协商、意见一致后签订聘用合同；"择优聘用"是指学校在对教师的师德、教学能力等因素综合考核的基础之上，本着对社会、对学生负责任的态度聘请优秀人员担任教师；"统筹兼顾"是指学校在教师队伍配置方面要坚持合理组合、优势互补，提高学校整体效益。学校既要聘用经验丰富的教师，又要重视对新教师的培养。

当前学校招聘教师有学校自主招聘的，更多是地方统一招聘和分配，有校园招聘和社会招聘。比如 2020 年上海松江区第二批教师招聘，招聘分为两大类：一是面向各类学校招聘应届毕业生、在编在职教师和往届毕业生。二是面向国内外招聘学科领军人才及专业技术骨干。

（四）教师职业行为准则

2018 年教育部印发《新时代高校教师职业行为十项准则》《新时代中小学教师职业行为十项准则》《新时代幼儿园教师职业行为十项准则》（以下统称《准则》），明确新时代教师职业规范，划定基本底线，深化师德师风建设。以《新时代中小学教师职业行为十项准则》为例，十项准则包括：坚定政治方向、自觉爱国守法、传播优秀文化、潜心教书育人、关心爱护学生、加强安全防范、坚持言行雅正、秉持公平诚信、坚守廉洁自律、规范从教行为。可以看出，该《准则》明确了新时代教师职业规范，并针对主要问题、突出问题划定基本底线。

《准则》要求，要将其要求落实到招聘、聘用、考核等教师管理具体工作中，实行师德失范“一票否决”。要以有力措施坚决查处师德违规行为，对于有严重侵害学生行为的，一经查实，要撤销其所获荣誉、称号，依法依规撤销教师资格、解除教师职务、清除出教师队伍，同时还要录入全国教师管理信息系统，任何学校不得再聘任其从事教学、科研及管理等工作。为使《准则》更好地落地执行、取得实效，同时还制定印发了《关于高校教师师德失范行为处理的指导意见》和《幼儿园教师违反职业道德行为处理办法》，修订了《中小学教师违反职业道德行为处理办法》，对违反师德行为的认定、查处等作出具体规定，明确学校的主体责任以及师德师风建设失职失责情形，建立违规行为的受理处理机制和责任追究机制。

实际上，明确约定教师职业道德行为并非我国独有的做法，也是世界各国的共识与规定，如美国的《优秀教师行为守则》，英国的《教师标准》，法国的《教育者及教师能力参考》等。

三、教师激励

法国古典管理学家亨利·法约尔（Herri Fayol）指出：“激励是管理的核心。”教师是学校里的重要成员，是实现教育目标的主导力量，其精神状态和工作态度将决定学校办学的成败。教师激励是学校管理工作的核心，能否做好教师激励工作，是体现学校管理水平的重要标志。

教师激励的目的是调动教师工作的积极性、主动性和创造性，使其不断地发挥个体潜能与主动性，进而实现学校的育人目标、实现教师个体的人生价值。在本节中，我们先来学习相关的激励理论，再谈谈这些理论在教师激励领域的启发和应用。

（一）激励理论

激励是管理学的一个概念，是指用一定的刺激激发人的动机，使人产生内驱力，使其向所期望的目标前进的心理和行为过程。激励理论在管理学中出现后，逐渐被引入教育界。激励理论可以分为内容型激励理论和过程型激励理论。

1. 内容型激励理论

内容型激励理论，主要探索工作中哪些因素可产生激励作用，即激励的内容是什么，它是关注导致激励作用产生的个体需要和动机的激励理论的总称。马斯洛（Maslow）的需要层次理论、赫茨伯格（Herzberg）的双因素理论、麦克利兰（McClelland）的成就需要理论是其代表性理论。

（1）需要层次理论。需要层次理论由美国心理学家马斯洛于1943年在《人类动机理论》一书中提出。马斯洛将人的需要从低到高分为五级：生理需要（衣、食、住、行、医疗等生存的基本条件），安全需要（劳动安全感、人身安全感、工作安全感等生理安全和心理安全），社交需要（社会交往、友谊、爱情和归属感等），尊重需要（受他人尊重、得到认可和赞赏）和自我实现需要（工作的胜任感和成就感）。该理论认为，人是有需要的动物，人的需要是从低级向高级发展的，只有处在低层次的需要得到满足后，人才能产生更高一级的需要。即只有当低层次的需要得到充分满足后，高层次的需要才能显示出其激励作用。

（2）双因素理论。双因素理论由美国心理学家赫茨伯格于1959年提出。其核心观点是：员工满意的对立面不是不满意而是没有满意；员工不满意的对立面不是满意而是没有不满意。影响员工工作积极性的因素可划分为两类：保健因素和激励因素。保健因素是促使人产生工作不满意或没有不满意的因素，它与工作环境和条件相关，包括企业政策、管理和监督、人际关系、工资、工作条件、个人生活等。激励因素是促使人产生工作满意或没有满意的因素，它与工作性质和内容有关，包括工作富有成就感、给予责任和担当、得到认可和提升、个人和事业的发展等。双因素理论指出，保健因素的改善可以减少或消除员工的不满情绪，但并不能导致高水平的激励，真正激发员工积极性的是激励因素。

（3）成就需要理论。成就需要理论由美国心理学教授麦克利兰等人在1947年的研究中提出。该理论将管理人员的需要分为三类，分别为成就需要、社交需要和权力需要。高成就需要的个体渴望成功和被认可，他们更希望获得工作所带来的成就感。高社交需要的个体更看重友爱和情谊，他们总是尽力避免与他人产生冲突或竞争。高权力需要的个体有较强的权力欲望，对施加影响和控制他人兴趣浓厚，他们希望保持自己在组织中的领导地位。

2. 过程型激励理论

过程型激励理论，主要探索个体是如何被激励的，即激励的过程如何，它是关注个体被激励的过程和机制的激励理论的总称。弗鲁姆（Vroom）的期望理论、亚当斯（Adams）的公平理论、洛克（Locke）的目标设置理论是其代表性理论。

（1）期望理论。期望理论由美国心理学家弗鲁姆于1964年在《工作与激励》一书中提出。弗鲁姆认为，一个目标对人的激励程度取决于两个因素：目标的效价和期望值。目标的效价是人对目标价值的主观判断，目标越有价值，人的积极性越高；反之，目标越缺乏价值，人的积极性就低。期望值是实现目标的可能性（概率），可能性很大，人才会努力去实现目标；可能性很小，人可能会放弃努力，目标的激励作用就很小。期望理论用公式表示为：$M=V\times E$。其中，M代表激发力量，V代表目标的效价，E代表期望值。

（2）公平理论。公平理论由美国心理学家亚当斯于1965年在《社会交换中的不公平》一书中提出。其核心观点是：员工的工作动机不仅受自己所获得的绝对报酬的影响，而且受与他人比较的相对报酬的影响。员工会将自己所获得的绝对报酬与一个和自己条件大致相当的人的绝对报酬相比较。如果两者比值相等，则产生公平感；如果两者比值不等，特别是少于他人，则产生不公平感甚至是愤怒感。在不公平感的状况下，员工会调整自己的努力，或者减少自己的投入，或者另换一个比较对象，以缓解心理压力。

（3）目标设置理论。目标设置理论由美国学者洛克于1967年提出。洛克认为，指向目标的工作意向是工作激励的一个主要源泉，但仅设置一个目标并不能保证产生高水平的激励效果。要产生高水平激励效果的目标，其设置应满足五个原则：目标是难度适当的、目标是具体的、目标设置中让员工参与、目标应当为个人所接受、对目标进程给予及时的反馈信息。目标设置理论对实践的指导意义在于，为员工设置具体而难度适宜的目标，得到员工的认同，并及时给予阶段性反馈是改善绩效的有效激励手段。

（二）教师激励的策略

激励理论被引进教育界后，学校管理者更加注重教师激励的科学性和有效性。以激励理论为基础，教师激励的策略包括以下几个方面。

1. 提高教师的薪酬待遇

调查研究显示，我国中小学教师对薪酬待遇的满意度较低。虽然相关法律规定，教师工资不得低于当地公务员工资，中小学教师和当地公务员基本工资相差不大，但两者在福利待遇方面仍有差距。在我国农村地区，由于教师待遇普遍偏低、生活环境艰苦、缺少个人发展机会，农村教师队伍的稳定性受到严重影响，优秀教师和骨干教师大量流失和减少。提高教师的薪酬待遇其实就是满足教师最基本的物质需要和精神需要，它可以减少和消除教师的不满情绪；农村中小学教师队伍建设及其稳定，则是激励优秀教师和骨干教师扎根农村、献身农村教育事业的重要策略。

2. 满足教师的成就需求与自我价值实现

国内外研究显示，教师群体对于尊重和自我实现、职业上的自我价值、胜任和成就感有更大的需要。他们希望得到学生、家长以及社会的尊重，在工作中得到领导、同事的认可；他们追求自主地胜任工作，有机会参与学校决策，并在工作中体验自我价值的实现以及教育工作带给自己的成就感。基于教师的成就需要与自我实现需要的特点，学校管理者应注重赋予教师更大的工作自主权，对于教师取得的成绩给予及时的表扬和鼓励，为教师创造进修学习和职业成长的机会，提供教师能力发挥和实现理想的各种条件和机会，使教师从内心深处受到鼓舞，从而提高工作热情和积极性。

拓展阅读

发挥教师特长　调动教师积极性①

在十一学校，学校充分考虑到教师的个体差异，发现他们的特长并设置平台发挥他们的特长。比如，为了适应选课走班下学生动态管理的需要，学部实施“分布式领导”模式，由具有某方面管理专长的教师担任分布式领导。这项工作极大地激励了教师的工作热情和创新精神，在学校制度重建的过程中，一些岗位的管理规范都来自他们的智慧。再比如，有一些博士教师在专业学术方面特别突出，负责高层次课程的研发和拔尖学生的培养，就会得心应手；有些教师思想活跃，又有着深厚的文化底蕴，高考课程让其无法施展，而任教思想政治、历史和地理的Ⅰ类课程更能够让他们发挥专业特长，深受学生喜爱；还有些工作需要有专长的教师承担，如不同行业的学生职业考察顾问、不同类型的研究型课程指导教师等，让教师自己选择，如此一来，既有利于发挥教师的个人专长，也有利于推动工作的深入开展。

3. 创造教师参与学校管理的机会

调查研究显示，我国中小学教师对学校管理的满意度偏低。这具体体现为：学校缺乏民主的管理方式，教师很少有机会参与学校决策和表达个体意见，从而对学校管理产生不满。学校管理属于双因素理论中的保健因素，作为学校的管理者，应给教师提供充分的保健因素以消除教师的不满，为学校开展有效的激励创设前提条件。在学校管理中，应提倡民主的管理方式，努力创设民主、平等的氛围，给予教师充分的参与权；管理者也要平易近人，虚心听取合理化建议，从善如流，从而提高学校管理工作的满意度。

4. 为教师创造公平的竞争环境

公平是一种主观的感受。调查研究显示，教师所感知的不公平，除了薪酬，还来

① 李希贵．北京十一学校的成功，离不开这7种教师激励方案［EB/OL］．（2021－04－05）［2021－09－03］．https：//xw. qq. com/cmsid/20210405A081UQ00.

自参加培训、进修的机会，职称职务的晋升以及评奖和先进个人评选等方面。为了激发教师的工作动机，学校管理者应为教师创造公平的竞争环境，从而使教师的不公平感及其负面影响降到最低。以职称评审为例，应构建以公平为导向的评审制度，坚持机会公平、程序公平和结果公平，在职称评审的规则与程序、专家库建设、评委会管理、业绩评定、评审过程监督等方面做出制度设计。[①]

5. 为教师设置恰当的目标激励

期望理论和目标设置理论均表明教师管理应重视目标设置的激励作用。作为学校管理者，设置目标需注意以下几点：①针对不同的教师，应设置差别化、个性化的目标。教师对同一目标有不同的效价判断，只有个性化的目标设置，才能对有不同需求的教师产生激励吸引。②设置目标应使学校目标与教师个人目标相一致。将学校目标与教师个人目标结合起来，可以使教师从学校目标的达成中更多地感受到切身利益以及个人目标的实现，从而更自觉地完成目标。③注意目标设置的可行性。目标设置应具体、明确，既有一定的挑战性，又有实施的可行性。过高或过低的目标都不会产生有效的激励作用。④注意给予目标进程阶段性反馈。以阶段性反馈增强教师个人实现目标的信心，以阶段性反馈引导教师逐步实现目标。

6. 应用一些管理技巧和方法

（1）设置一些不同的奖项，表彰教师在不同领域的突出表现。学校可以拨出一小部分预算用以设置不同的教师奖项，适当配以物质奖励。荣誉奖励能够为教师提供工作上的激励，使其对自己、对工作的付出形成坚定的信念。

（2）利用常规的教职工会议、电子邮件等对勇于探索、表现突出的教师进行表扬。在全校教职工面前获得表扬，对教师而言是很好的鼓励。这种宣传、榜样示范也有利于教师对学校价值目标的接纳和认同。

（3）领导者在管理过程中通过自身行为鼓励教师。在美国，很多中小学校长非常重视通过一定的管理技巧调动教师的工作积极性。比较常见的做法包括贴条子、送小礼物等。[②]

---

① 余兴龙．以公平为导向的职称评审制度构建研究［J］．中国行政管理，2011（11）：77－80．

② 张东娇，程凤春，等．学校管理学［M］．北京：北京师范大学出版社，2014：141．

案例讨论

Teri 校长和学校的其他管理者会仔细观察每一位教师，他们每月至少会听每位教师讲两次课，这些课往往不是事先安排的。在听完一个班的课以后，他们会很快地在小纸条上写上一两句表扬或鼓励性的好评语。在走出教室的时候，他们会把小纸条贴在教师的桌子上或教室的门上。

而 Stokes 校长通常会在教师的信箱中或桌子上放些小礼物。有一年，她给学校的每位教师都发了一个“生存袋”，袋子中放了一些看似零碎实则有着特殊意义的东西。

Kostik 校长除了听课贴纸条外，还经常向地方电视台提供学校中一些做出了特殊贡献的教师的名单，邀请电视台记者对这些教师进行采访①。

问题思考：

从上述几位校长的做法中，你学到了什么？将上述几位校长的做法与第三章的“案例讨论”《校长、主任们为何在抽查听课时坐了“冷板凳”》进行比较，分析为何同样是听课，效果会如此不同。

（4）简化烦琐的管理，实现人性化管理。烦琐的管理或程序上的要求，会使教师陷入事务性的琐碎，削弱工作本身的意义，会使教师的工作积极性陷入被动、积极性被挫伤。因此，在追求有效管理的同时简化烦琐的管理、实现人性化管理，使教师能够专注于教学，也是学校管理的一个重要目标。

总体而言，要实现对教师的有效激励，需要对教师的需求进行准确和全面的认识和了解。在所有因素中，成就、责任感、晋升发展等这些与工作本身相关的激励因素更能促使教师取得更好的工作成绩，可以使教师获得真正的满足。因此激励教师的侧重点应该是让教师更多地体验到教学过程所带来的成就感和责任感。对于学校管理，不仅要关心教师的生理和安全需要，提高其薪酬待遇、提供良好的工作条件、改善学校人际关系等，更要尊重和关爱教师，培养教师的专业信念，引导和满足教师有更高层次的追求、获得更内生的动力，创造条件支持和促进教师自我提升、不断发展，使其最大程度地实现自我价值。萨乔万尼提出要以德治校，在教师管理实践中重视与道

① 张东娇，程凤春，等．学校管理学［M］．北京：北京师范大学出版社，2014：141.

德相关的层面，如信念、价值观、使命感等。他认为激励教师最有效的策略就是使教师对自身工作有强烈的责任感，让教师在具体的教育教学实践中，自己有义务把本职工作做好，对培养出身心健康的学生有强烈的使命感。

陪伴、肯定、引领、激励：中层促进教师发展之“四步曲”①

王淑珍是北京市顺义区一名农村小学的教学副校长。从一名优秀教师，到学校德育主任，再到教学副校长，王校长从事中层管理工作已有20年。之所以说她优秀，是因为在她的引领下，教师的主动性被充分激发出来。教师们虽然在一所农村小学工作，但是他们发自内心地喜欢这份工作，始终以一种饱满、充溢的状态工作着，享受着教育带给他们的职业幸福感。王校长究竟是如何做到这点的呢？她的经验和做法可以总结为这样四个方面：陪伴、肯定、引领、激励。

陪伴——走进教师心灵的“密钥”

王校长认为，陪伴在教师身边，与教师一起干、共同经历是中层干部工作最重要的基础和前提。王校长工作中的大部分时间都是和教师在一起的。她总是说自己每天不去听几堂课，不去教师办公室坐一会儿，不在校园中转一转就觉得工作没有“根”。比如教师的工作安排这件事，她说：“60个教师就是60枚棋子，要下一盘好棋，每个人的态度、能力、性格等各方面都要考虑好，让他们合作愉快点儿、效率高点儿。所以要清楚每个人的特点，而这些特点如果不走近教师身边、不走近课堂，是不可能了解的。因为常常去听教师上课，之后顺其自然地就聊起来了，在聊工作的过程中教师的能力、态度、困惑甚至一些怨言就聊出来了。这样持续坚持，慢慢地就了解了每个教师的工作，也走进了他们的心灵。”

肯定——点燃教师正能量的“发动机”

王校长认为，肯定教师是中层干部在陪伴教师基础上给予教师正向的、积极的反馈和评价。在发现教师的问题之后立即对教师进行指正，往往会适得其反，教师不认同、不“买账”，这种生硬的方式大大减弱了教师工作的积极性。王校长充分利用正反

---

① 西胜男．陪伴、肯定、引领、激励：中层促进教师发展之“四步曲”——基于一位管理者20余年中层管理经验的思考［J］．中小学管理，2015（7）：44－46.

馈的功效，在平时的工作中，总是善于看到教师努力的方面，肯定他们一些优秀的做法，鼓励教师积极尝试。另外，她还通过“亮点播报”这个活动形成了学校中的“肯定制度”。在每周的教师例会之前，都有“亮点播报”环节，将她所发现的某些人的闪光点呈现在全体教师面前，告诉大家哪位教师在学生管理上有了新方法、新举措，哪位教师在教学环节上进行了创新。通过这一小小的活动，被肯定的教师会更加积极工作。对其他教师来说，久而久之，学校中自然就形成了一种积极向上的氛围，不仅激发了教师的主动性，而且与他们建立了相互悦纳的关系。

引领——提升教师专业能力的“脚手架”

王校长认为，对教师进行有效的指导，从而提升教师的专业能力，其实是最好的激励。王校长经过多年的摸索，认为引领教师要做到以下几点：第一是专业，即干部自身的专业素质要过强、过硬，这样才能站在更高的层次上引领教师发展，这就需要干部平时多思考、多研究，时刻以解决教师的实际问题为己任。由于多年的积累，王校长对于教师出现的困惑和问题，总是能够第一时间想出好办法、好点子，对教师及时进行点拨。第二是坚持，即作为干部引领教师发展要有持之以恒的思路和做法，坚持向一个方向努力。现在各种教育思想、教育理念层出不穷，很多学校容易形成跟风的风气，今天学学这、明天学学那，对教师没有持续性的方向引领，这样教师只会感到迷茫。而王校长在学习一些教育理念或者教学方法的时候，总是将这种理念、方法和自己学校的教育教学理念相结合，融会贯通。这样对教师的引导一直是围绕同一个主题进行，保证了引领的深入和具体。第三是示范，在学校里，王校长时刻保持着精神饱满的状态，这是一种示范；在教室、办公室、操场上处处可见王校长忙碌的身影，这也是一种示范；在教师上课遇到困难，请她帮忙时，她也会亲自给学生上课，这更是一种示范。

激励——提升教师自主发展境界的“催化剂”

通过探索，王校长还发现了另一种更高境界的激励方式，即给予教师责任和担当，通过让骨干、优秀教师带领团队的方式促使教师群体共同成长。

当前，由于人事制度和职称评定等诸多问题，促使有些教师将评职称作为衡量自身发展的唯一指标。这样也就导致一些学校的教师一旦评上高级职称，就产生了职业倦怠，高级教师要求调入后勤岗位的情况屡见不鲜。这种情况也出现在王校长所在的学校中。王校长和其他干部经过讨论制定了学校的激励方式，即团队式激励。学校将年轻的教师和岁数大、经验丰富的教师进行配对分组，然后对这些小组进行集体评价。比如，老教师是新教师的师傅，那么新教师有了问题，老教师要积极地帮助解决，而新教师有了荣誉，当然也有老教师的一份努力。对这些小团队进行集体激励，这样就赋予了这些老教师、骨干教师责任，教师们形成了共同发展的愿景，即为了团队的整体发展，他们要发挥自己的最大作用更加努力地培养青年教师。这样不仅青年教师成长快了，老教师和骨干教师也都在积极思考着、行动着。老教师虽然还是很累，但是他们在辛苦中体会到了责任和担当带给自己带来的那份自豪感与荣耀感，同时也收获了自身的发展与成长。用王校长的话说："要让老师这棵苗儿，慢慢地往树的方向发展，然后一棵小苗带动一片树林，慢慢变成一个小林子——一个能够进行自主发展的小林子。"

四、教师评价

教师评价是教师管理的重要内容，它是对教师工作已有的或潜在的价值做出判断的活动。教师评价对教师的教育教学工作有导向、监督、激励和发展的多重功能，有效地开展教师评价，能够改进教师的教育工作、提高教师的专业素养、激发教师工作的积极性、提高学校的教育质量。

（一）三种不同的教师评价制度

下面介绍的三种教师评价制度中，教师职称评定制度属于行政性的教师评价制度，而侧重于绩效管理的奖惩性教师评价制度和侧重于专业发展的发展性教师评价制度则更多是从评价方法的角度来切入的。

1. 教师职称评定制度

教师职称评定制度是行政性的教师评价制度，它决定了整个教师成长的制度环境，对教师动力和积极性的影响非常大。

现行的中小学教师职称评定制度始于1986年。教师职称评定的目的是给予优秀教师更多的鼓励与尊重，提高中小学教师的职业地位，激励更多优秀人才长期从教。旧有的职称设置如下：

中学系列主要分为：中学高级、中学中级（一级）、中学初级（二级、三级）。

小学系列主要分为：小学特级（小高高）、小学高级、小学一级、小学二级、小学三级。

由于现行的中小学教师职称评定制度存在着等级设置不够合理、评价标准不够科学、评价机制不够完善、与事业单位岗位聘用制度不够衔接等问题，广大中小学教师要求改革的呼声越来越高。2015 年 8 月，国务院常务会议部署决定，将中小学教师职称评定制度改革在全国全面推开。此次改革后，中小学教师职称等级将统一设置为：正高级、副高级、中级、助理级和员级，对应的职称名称依次为：正高级教师、高级教师、一级教师、二级教师和三级教师，分别与事业单位专业技术岗位等级相对应。另外，以前的职称评定看重的是课题、论文，其标准更多的是向高校看齐；而改革后，中小学教师职称评定将更关注“教书育人”的教育教学实践，更加关注与能体现教师日常工作表现的年终考核情况的结合。改革引导教师更加注重师德素养，更加注重教育教学业绩，让广大教师潜心教育教学工作，克服了“论资排辈”“熬年头”的现象。这一改革对于中小学教师职业成长将会更加有利。

2. 奖惩性教师评价制度

奖惩性教师评价制度，又称绩效管理型教师评价制度或行政管理型教师评价制度。这种评价制度形成、发展和盛行于 20 世纪初期至 20 世纪 80 年代中期，是一种传统的教师评价制度。奖惩性教师评价制度以加强教师绩效管理或者奖惩为目的，依据对教师工作表现的评价结果，做出解聘、降级、晋升、薪水调整、增加奖金福利等决定。奖惩性教师评价制度通过自上而下地实施评价，为行政管理决策服务。奖惩性教师评价制度是一种面向过去的教师评价制度，它关注教师过去的工作表现和评价前的工作业绩，并据此做出奖惩性的判断。奖惩性教师评价制度在教师评价的传统时期发挥了积极作用，但在当前社会与教育形势下被许多学者认为弊大于利。其受到的批评主要是该评价制度深受西方科学管理理论的影响，将人视作“经济人”和“机器人”，强调行为控制，而忽视了人性中更为积极的部分，因此难以充分调动教师的工作积极性，反而容易引起教师的不满和抵触。批评者指出，教师具有改善工作和促进专业发展的内在动机，好的教师评价制度应能激发教师内在的工作欲望。

3. 发展性教师评价制度

发展性教师评价制度，又称专业发展性教师评价制度。它始于 20 世纪 80 年代中期，首先出现在英国、美国等国家；20 世纪 90 年代中期后被引入我国，在 21 世纪初期我国基础教育新一轮课程改革中开始提倡并推行至今。发展性教师评价制度以促进教师专业发展为目的，在没有奖惩的条件下，通过实施教师评价，达到教师与学校共同发展、个人与组织共同发展的“双赢”结果。发展性教师评价制度是一种面向未来的教师评价制度，虽然它同样关注教师评价前的工作表现，但是它更加关注评价后教师的未来发展。相较于传统的奖惩性教师评价制度，发展性教师评价制度得到更多学者以及教育工作者的认可。发展性教师评价制度被认为受需要层次理论和双因素理论等管理理论的影响，注重从人的潜能和价值实现的角度激发教师工作的内在驱动力。它强调教师评价的促进和发展功能，弱化教师评价的考核和奖惩功能；尊重教师的个体差异，实施差异评价，注重从教师个人的专业发展需求提供教师发展的机会；主张多元评价，由专家、领导、同事、学生和学生家长以及评价对象自身共同担任评价者实施评价。可以看出，发展性教师评价制度具有浓厚的人本色彩，在学校管理者与教师之间构建起宽容、信任、民主、和谐的评价氛围。

4. 教师评价体系的构建

奖惩性教师评价制度和发展性教师评价制度作为两种不同的教师评价制度，虽然区别明显，但是在教师评价体系的构建中并非泾渭分明，专家学者主张将两种评价制度结合起来，取长补短，充分发挥每种评价制度的优势，实现理想的评价效果①。

（1）树立“以人为本”的教师评价理念。奖惩性教师评价制度的“管理主义”倾向明显，不利于激发教师的主体精神。发展性教师评价制度“以人为本”的评价理念，将教师评价的各种制度要求转变为教师主体的内在自觉，有助于消除评价者与被评价者之间的紧张关系，更好地发挥教师的主体性作用。

（2）以“奖惩性”和“发展性”相结合作为教师评价的目的。发展性教师评价制度促进了教师的专业发展，但是在一定程度上会削弱教师的危机意识、竞争意识和责任意识。奖惩性教师评价制度通过严格的绩效管理，对教师做出奖励或惩罚，从而提高管理效率。因此，在评价体系的构建中，应以“奖惩性”和“发展性”相结合作为教师评价的目的，既保持对教师的绩效要求，又保持对教师的内在激励，从而促进教

---

① 许华琼，胡中锋．新课改视域下教师评价体系的反思与构建［J］．教育测量与评价：理论版，2010（9）：15－19.

师的专业发展。

(3) 建立以“教师自评”为主、多元主体参与的评价制度。奖惩性教师评价制度主体由上级领导或专家担任，评价过程缺乏民主性，忽视了评价主体多元化，特别是教师自我评价的价值。在奖惩性教师评价制度下，评价者与被评价者之间容易关系紧张，产生戒备和防范心理。发展性教师评价制度强调评价主体的多元性，主张由专家、领导、同事、学生和学生家长以及被评价教师参与评价。建立以“教师自评”为主、多元主体参与为辅的评价制度，确立了教师评价中教师的主体地位，评价者与被评价者之间建立了民主和谐的关系，从而为教师专业成长提供了内在的自我发展动力机制。

（二）教师评价的具体方法

1. 自我评价法

自我评价法是教师对自己的工作进行评价，通过自我分析和反思，实现自我激励和发展的评价方法。自我评价法能够发挥教师在评价中的主体作用，最大限度地激发教师自我改变、自我完善的热情。“教师自我评价的目的不在于给自己评定分数，更不是把自我评价意见写出来应付学校的检查，它的根本目的是帮助教师正确地认识自我，培养自我反思的意识、习惯和能力，并最终促进教师的成长。”① 教师成长 = 经验 + 反思。只有教师评价能够引发教师自己的反思行为，教师评价的目的才有可能达成，才有可能促进教师的专业发展。

2. 档案袋评价法

档案袋评价法要求教师建立自己的教学档案，通过开放的、多层面的评价，充分感受自己的成长和进步。教师档案袋通常包括广泛的材料：个人教学思想和目的陈述、教学计划和内容大纲、学科教案选例、教学辅助材料（学生阅读提纲、练习题目、考核方法、学生作品等）、课堂教学录像带、学生对教学的评价、其他教师对教学的观察记录、教学反思日记、教学改革与研究成果、改进教学的方案。档案袋评价法的主要意义在于：描述教师的责任、专业和教学方面的成长，促进教师的自我评价和反思，

---

① 赵德成．当前教师评价改革中的若干问题［J］．中国教育学刊，2004（7）：46－49.

促进教师的专业发展，为教师职称晋升和专业能力水平鉴定提供依据。

3. 绩效考核法

绩效考核法是学校运用定性与定量的方法，对教师的工作表现和工作结果进行考核和评价的方法。工作表现和工作结果是教师绩效考核的两个方面。工作表现是教师在履职过程中的行为、态度和素质，因其具有内隐性，不易量化，所以对工作表现的考核主要采用定性方法，依靠评价者的主观判断，做出如“敬业努力”“踏实肯干”等评价。工作结果是教师履职的结果，如学生成绩、教学时数、发表论文与获奖情况等。工作结果通常采用量化的评价标准，以清晰的量化指标对教师进行绩效考评。

4. 同行评价法

同行评价法，即由有经验的同行为教师提供评价、帮助和指导的评价方法。这种评价对于新教师，可以帮助他们提高知识和技能；对于老教师，可以帮助他们解决遇到的难题。同行评价法旨在提升教师质量，促进教师专业发展。同行评价法允许专业指导教师对新教师评价后提出解雇的建议。同行评价法的评价人员是决定教师评价成功的重要因素，他们必须是集丰富的教学经验、扎实的学科知识以及娴熟的评价技术于一身的优秀教师。同行评价法一般经过课堂观察前会议、课题观察和课堂观察后会议三个步骤。其中，课堂观察后会议最重要，在此会议上需要给予教师评价反馈。由于同行评价法建立在经常听课、课堂观察和分析反馈的基础上，增强了教师评价的动态性、客观性和真实性，因而受到了教师和学校的普遍欢迎。

5. 微格教学评价法

微格教学评价法由微格教学演变而来，是一种旨在促进教师教学技能和专业发展的教师评价方法。微格教学评价法借鉴了微格教学的操作方法，在实施过程中，它要求小群体的全体评价对象轮流上课并将教学实景录像，然后通过重新播放录像，开展自我评价、同事互评和专家点评。微格教学评价法能够充分发挥教师群体的智慧，相互取长补短，并在轻松和缓的评价氛围中提高教师的教学技能和课堂的教学质量。与其他教师评价方法相比，微格教学评价法以其规模小，直观、放松、及时、有效的反馈，多元的评价主体等优势，获得了显著的评价效果。

案例二

美国密苏里州“基于表现的教师评价”①

（一）表现评价的目的与指导原则

1. 表现评价的目的

密苏里州教师评价指导委员会指出，“基于表现的教师评价”以激励教师不断成长，从而有效提高全体学生的学业成就为根本宗旨，针对教师在教学工作中的实际表现，提供及时、准确的反馈信息，为每位教师的专业发展指出明确的方向。通过这一教师评价的实施，学校要建立一种扶持教师成长的机制，促进教师与评价者的合作关系，形成一个积极的学习共同体，使教师们能够在其中通过专业对话来分享个人观点和交流教学体会，从而在专业上不断发展。

基于表现的教师评价体系对改善教学、改善学生的知识和表现至关重要。为了最大程度地实现上述目的，密苏里州向所属学区提出了实施教师评价的指导原则。

2. 表现评价的指导原则

教师评价和专业发展的责任在当地学区。评价体系必须由教师和管理者共同合作开发。

基于表现的教师评价模式必须包括教师评价和专业发展。教师评价阶段的目的是组织决策，而专业发展阶段为教师改进工作表现提供支持。

必须给予教师足够的专业发展的时间和机会，如参加顾问咨询、同行教授、专业小组合作等活动。

标准必须指向学生和教师的行为，开发评价体系的焦点是促进学生的成功。

教师评价和专业发展必须允许教师反思、合作，以及教师为学习共同体做出贡献。

可靠的评估人员对于评价过程是至关重要的。评估人员必须接受过高效教学技能分析的培训，为教师专业发展提供反思性的参考和指导。

评价体系必须在评价标准、学生表现、学校目标和学校改善计划之间提供一个联系。

必须让教师了解学区的教师评价与专业发展过程、具体标准。

在课堂观察结束后的合理时间内必须召开观察后会议。管理者观察到的数据及教

① 徐庆红．美国中小学教师评价及其对教师专业发展的影响研究——以 Washoe 县学区和密苏里州为例［D］．北京：首都师范大学，2009.

师提供的其他数据必须在开会的时候分享。

所有教师必须有一个专业发展计划（Professional Development Plan，PDP）或者一个专业改善计划（Performance Improvement Plan，PIP）。专业发展计划根据教师的分类而有所不同。针对试用期的教师，在教学的前两年应该为他们开发专业发展档案袋；针对执教3～5年的教师，也要为他们提供专业强化的机会；终身执教的教师将有一个专业发展计划，它与具体的标准、目标、学校改善计划是相关的。

地方专业发展委员会必须提供与个人专业发展计划相关的教师专业发展的机会。PIP必须帮助教师，而不是满足学校的期望。管理者对教师评价和专业发展阶段的管理负责。然而，数据收集的过程是需要教师和管理者合作的。他们在会议期间收集和讨论数据。

（二）表现评价的指标体系

密苏里州"基于表现的教师评价"指标体系含有三个层次，即标准、准则和指标。标准是教师评价所考核的主要内容，包括专业责任、教学环境、教学计划与准备、教学过程和学生学习评定五个领域；准则是每个领域所包含的行为要素；指标是对应每个行为要素的表现维度，是评价中的实际观察点。表5－1列出了密苏里州"基于表现的教师评价"的具体指标体系。密苏里州要求教师必须在每一个评价指标上都达到"熟练"水平。

表5－1 密苏里州"基于表现的教师评价"的具体指标体系

（所有指标都按照"不合格""合格""熟练"和"优秀"四个等级进行评价）

标准	准则	指标
专业责任	1. 建立和保持积极的人际关系	（1）与学生的关系 （2）与同事的关系 （3）与家长的交流 （4）与家长、同事、社区进行的书面和口头交流
	2. 参与专业发展活动	（5）专业发展状况 （6）对教学的反思
	3. 遵守学校和学区的制度和要求	（7）准确的数据 （8）学生出勤记录 （9）遵守各项制度情况
	4. 对学校和学区做出贡献	（10）各项服务活动

续表

标准	准则	指标
教学环境	5. 构建相互尊重与信任的环境	（11）保守学生的秘密和隐私 （12）学生与学生的互动情况 （13）教师对学生不正当行为的反应
	6. 建立一种学习文化	（14）对学习及其成果的期望 （15）积极学习环境的创设 （16）课堂常规与纪律的管理 （17）教学空间和教学材料的组织 （18）教学过渡的处理
教学计划与准备	7. 展示课程知识	（19）课程内容与顺序的确定 （20）教学目的和目标的选择 （21）教学进度的确定
	8. 展示对学生的了解	（22）对学生个体的实际了解
	9. 展示对教学资源的了解	（23）对教学资源的了解程度
	10. 设计适宜的教学	（24）日常课程计划
教学过程	11. 讲述清楚和准确	（25）口头和书面语言 （26）学习指导和具体步骤 （27）内容陈述
	12. 使学生参与学习	（28）课堂活动和作业 （29）课堂讲授（结构与速度） （30）教学技巧
	13. 向学生提供反馈	（31）反馈的及时性和质量
	14. 满足学生个体的需要	（32）持久的关心 （33）教学中课程的调整 （34）对学生的回应
	15. 使用课堂提问和讨论的技巧	（35）问题的质量 （36）讨论的技巧
学生学习评定	16. 设计和使用正式与非正式评定	（37）多种评定题目的使用 （38）评定的修改和区分性 （39）选择和设计准确的评定 （40）运用评定结果指导教学和计划 （41）评定准则和标准的建立

五、教师专业发展

教师作为专业人员，在其职业生涯中需要不断学习，以实现专业的不断提高。教师专业发展是指教师作为专业人员，经过不断的学习和实践，从一名新手逐渐成长为具备专业知识、专业技能和专业素养的成熟教师并实现可持续专业发展的过程。由于关注点不同，不同学者对教师专业发展过程有不同的阶段划分。学习这些阶段理论，对我们了解教师在专业发展的过程中要经历的步骤，为其提供针对性的培养计划提供了重要的参考。

2018 年 1 月，为办好人民满意的高质量教育，中共中央、国务院印发了《中共中央 国务院关于全面深化新时代教师队伍建设改革的意见》，对教师专业素质能力提升做了详尽的设计和规划，指明了提升教师专业素质能力的目标和实现路径。全面深化新时代教师队伍建设改革，首先要落实好教师教育振兴行动计划，加大教师教育、教师专业培训力度。其次要分类开展教师在职培训与研修，全面提升各级各类教师质量。在中小学教育阶段，通过国培计划、海外研修访学、自主选学、线上线下混合研修等方式，促进教师终身学习与专业发展；在幼教阶段，采取集中培训、跟岗实践、协同培训等方式，切实提升幼儿园教师科学保教能力；在职教阶段，通过理实结合、产学结合、相互兼职、技能大赛、联合培养等方式，建设高素质双师型教师队伍；在高等教育阶段，采取入职培训、系列研修、教学研讨、相互听课等方式，引导教师尊重教学学术、研究教学学术，着力提升高校教师教学能力。最后还要健全各级各类教师专业发展与个人成长电子档案，通过基于学校、为了教师、全员全过程全方位的在职培训与研修，引导教师反思教学实践，在教学实践和反思中不断成长，培养和造就数以百万计的骨干教师、数以十万计的卓越教师和数以万计的教育家型教师。[①]

---

① 岱宗．提升教师专业素质能力——学习《关于全面深化新时代教师队伍建设改革的意见》之三［N/OL］．中国教育报，2018－02－03［2021－07－16］．http：//www.moe.gov.cn/jyb_xwfb/moe_2082/zl_2018n/2018_zl13/201802/t20180205_326635.html.

（一）教师专业发展阶段理论

教师专业发展阶段理论，对教师的专业发展具有重要意义。它指明了教师专业发展的阶段和路径，帮助教师明确自己在专业发展的过程中要经历的步骤，既有助于教师根据发展阶段制定自身发展的短期和长期目标，同时也有利于学校或教师培训机构针对教师专业发展的特点提供促进专业发展的辅助性条件。教师专业发展阶段理论是建立在职业生涯发展研究与理论的成果之上的。相关的阶段理论有福勒（Fuller）的关注阶段论、伯顿（Burden）的教师发展阶段论、费斯勒（Fessler）的教师职业生涯周期理论以及休伯曼（Huberman）的教师职业生命周期论。

这里主要介绍费斯勒的教师职业生涯周期理论。20世纪80年代，美国霍普金斯大学教授费斯勒和圣路易斯大学教授克里斯坦森（Christensen）历经8年的追踪研究，将教师的职业生涯周期分为八个阶段①：

第一阶段，职前准备阶段。这一阶段是指从进入师范学院或大学接受培养开始到初入新岗位时的再培训，该阶段是教师角色的储备阶段。

第二阶段，入职阶段。这一阶段是指教师初任教师的前几年，新任教师努力寻求学生、同事、学校与教育行政人员的认同，在处理日常问题时能够达到令人满意的程度。

第三阶段，形成能力阶段。这一阶段是指教师积极地参加培训和各种交流会，积极接受各种新的教育观念，获得专业发展的阶段。

第四阶段，热心和成长阶段。在此阶段，教师持续地追求专业的更大发展，不断寻求进步。

第五阶段，职业受挫阶段。在此阶段，教师的职业满意度开始下降，体验到的是挫折和倦怠。这一阶段多数发生在职业生涯的中期。

第六阶段，稳定和停止阶段。在此阶段，教师已经失去了进步的要求，工作囿于本分，只满足于完成任务，缺乏进取心和高质量的要求。

第七阶段，职业泄劲阶段。在此阶段，教师带着各种不同的感情品味着即将离职的感受。

---

① 费斯勒，克里斯坦森．教师职业生涯周期：教师专业发展指导［M］．董丽敏，高耀明，译．北京：中国轻工业出版社，2005：40－42.

第八阶段，职业生涯结束阶段。这一阶段是指教师离开工作岗位及离开后的时期，既包括退休教师的离开，也包括因各种原因被迫或自愿中止工作。

（二）建立梯级培养机制

费斯勒的教师职业生涯周期理论以及其他的教师专业发展阶段理论，均阐明了教师在每个阶段的专业发展特征和需求，为我们了解教师专业成长提供了一个非常有用的参考架构。同时启发我们在制订教师专业发展计划时，针对不同发展阶段的教师提出相应的激励措施和支持体系。

具体来说，学校应建立各有侧重的梯级培养机制，为不同发展阶段的教师提供具有针对性的专业发展计划。教师继续教育应该是为教师的终身发展而谋划的，我们应对不同的群体设置各有侧重的培训内容，通过新教师、中青年骨干教师、专家型教师的梯级培养，为教师持续发展做好衔接。

1. 对于青年教师，重在创设环境关怀，引导其顺利入职

青年教师是学校教师队伍的生力军，他们学历层次高、思想活跃，刚走上工作岗位，对教学工作充满理想、激情、信心和希望，给学校带来了新的生机、新的活力和新的希望。但是，作为新手教师，他们经验不足，对工作困难估计不够，班级管理、课堂教学组织能力较弱，工作方法方面也存在整日忙于事务性工作而缺少反思、总结和积累的问题，在教学初期会面临强烈的职业焦虑和无助感，这会影响他们对教师职业的认同以及后续的发展。青年教师要成长，需要一段时间的重点培养。在我国多数地区，青年教师的入职培训工作相对薄弱，一些学校存在没有规划、缺乏指导、关心不够、发展自由、放任自流等现象。因此，帮助青年教师在教学实践的最初几年顺利过渡，是学校教师培养工作的重中之重。

青年教师需要重点反思的是自身专业发展的方向，核心问题是养成良好的教学行为习惯。具体来说，青年教师培养可以采用以下方法：

首先，将青年教师培养作为一个长期的专项工作。学校可建立培养青年教师的领导小组，其主要职责是制定培养规划，搭建青年教师的成长平台，组织实施各类活动，如听课、备课研讨、公开课研讨、教学技能竞赛等。

其次，搭建活动平台，培养青年教师扎实的基本功，让青年教师展示才艺。制订

计划培养青年教师的备课能力、语言表达能力、教学组织能力、板书设计能力、媒体应用能力和教育教学研究能力等。

再次，以老带新结“对子”，推动青蓝工程。学校可指派师德高尚、业务过硬、知识渊博、经验丰富的中老年教师与青年教师结成师徒“对子”。充分发挥中老年教师的传、帮、带作用，从思想、教学、教研、科研等方面对青年教师进行全面指导。尤其是在教学上要帮助青年教师闯“五关”，即上好适应课、合格课、研究课、优质课、示范课。

最后，架梯子。鼓励和支持青年教师参加学历进修和各种形式的培训活动。

人大附中新教师培训内容——五大模块[①]

德育模块：育人为本，德育为先。

教学模块：用心教书，站稳讲台。

科研模块：以研促教，教研相长。

研讨模块：教师工作坊。

实践模块：新教师拜师。

2. 对于中青年骨干教师，重在加强理论学习与行动研究

中青年骨干教师经验逐渐丰富，而且对职业的钻研兴趣更浓，其专业发展重点应放在培训学习和校本研修上，加强理论学习，优化知识结构，参与行动研究，提高自身素质。如选择自己教学实践中的难点问题或感兴趣的问题，开展教学叙事研究、教学反思等，尤其要鼓励教师间的合作与交流。通过研修，从课例中提炼课理，从课例经验分享转向理论自觉，从概念转化为理论化实践，培养理论研究意识，促进其从经验型教师向专家型教师转变。

大家可通过以下案例《2017 年惠民中学青年教师带教工作计划》，了解该校对青年教师的培养计划。

---

① 校园快报．人大附中这样进行新教师培训：培训内容分为这五大模块！［EB/OL］．(2021-09-03)［2021-09-15］．https://baijiahao.baidu.com/s?id=1709853407820055536&wfr=spider&for=pc.

案例四

2017学年惠民中学青年教师带教工作计划①

一、培训目的

为了使青年教师尽快适应中学教育生活，把握基本的教育教学规律，促成他们快速成长，更好地贯彻学校的办学理念及培养目标，全面提高青年教师教学水平和业务能力，建设一支具有良好师德和高素质的教师队伍，特制定惠民中学青年教师带教工作计划。

二、培训内容

为了使青年教师快速成长，学校将根据杨浦区中小学见习教师规范化培训内容与要求，将此次培训内容分为四大模块：

模块一：职业感悟与师德修养；

模块二：课堂经历与教学实践；

模块三：班级工作与育德体验；

模块四：教学研究与专业发展。

三、培训人员分工

（略）

四、培训管理

学校通过青年教师培养工作领导小组，从德育、教学等各方面，制订学校统一的培训计划，大力推进见习教师的培训力度。

1. 建立青年教师培养制度，对青年教师的培养和发展统一规划

学校制定了《惠民中学青年教师培养计划》，帮助青年教师制定《2016—2020年个人发展五年规划》，充分做好青年教师个人的教育生涯起步设计。

2. 建立管理制度，促进青年教师的专业化发展

学校制定了《青年教师学科培训手册》《青年教师班主任培训手册》等，明确青

① 上海市惠民中学. 2017学年惠民中学青年教师带教工作计划［EB/OL］.（2018－01－17）［2021－09－03］. http：//www. hmzx. edu. sh. cn/info/1024/3329. htm. 引用时有修改。

年教师与带教老师各自的职责。

（1）每位青年教师要与学科组内优秀教师及优秀班主任结成“师徒”关系，并在带教老师和带教团队的指导下进行备课组中心发言，安排好教学进度，做好教学常规工作，及时反思教学过程中的问题，做好集体备课工作；同时积极参与学校读书活动，在教研组内交流读书笔记，使自己的教学能力得到提升。每次活动后做好活动记录。

（2）青年教师应积极向带教老师学习，建议上课之前应先听带教老师上课，在领会带教老师课堂的基础上再备课，备课要备详案，教案备好后须经带教老师审阅后方可投入课堂教学，下课后要认真做好教学后记。同时带教老师要不定期听自己负责的青年教师的课。

（3）青年教师每周听课不得少于1节，听课时必须记录好教学的每个环节并认真评课。

（4）青年教师每个学期都必须完成上一节汇报课、一篇教学案例、一篇读书心得、一份培训小结，争取参加一个课题研究、完成一篇论文写作。

（5）青年教师要积极参加各级各类的外出参观学习、听课和参加业务讲座等教研活动，回来后要写好心得，在备课组或教研组内进行交流。

（6）青年教师要积极参与学校内的专业培训（如专题讲座、教学个案分析等）。

（7）教导处及德育处将定期会同其他部门对青年教师培训工作进行督促和检查，并提出改进措施。

3. 制订带教计划，按计划开展带教

学校制订青年教师的带教计划，为青年教师的培养指明了方向，同时细化各级培训的主要目标，分阶段实施培训内容。学校教研组和年级备课组对见习教师也提出了相应培训任务，备课组要求见习教师进行一次中心发言；教研组要求见习教师进行一次读书笔记交流（每月一交流）。

五、考核与评价

青年教师规范化培训考核工作采用过程性评价与终结性评价相结合的方式。根据培训要求，结合四个模块的要求，由指导教师负责，开展过程性、发展性的评价。培训结束后，在教师进修学院指导下，与聘任单位共同对青年教师进行考核评价。过程性考评包括青年教师自评、指导教师考评、学校综合评价，主要以诊断指导为目标。终结性评价分为优秀、良好、合格、不合格。

3. 对于专家型教师，重在创设环境引导其教育智慧输出

专家型教师几乎花费了大半生的精力耕耘在教育一线，他们积累了丰富的教育教学经验，具有丰富的、系统的专业知识，能高效率地解决教学中的各种问题，富有职业的、敏锐的洞察力和创造力。

对于专家型教师，学校要引导他们输出智慧资源，在全校甚至地区范围内集体共享他们的智慧。学校要让专家型教师在教学上起带头作用，比如每学期开展示范课活动、实行师徒制。学校还要让骨干、名师在师资培养上想办法、出点子，研究教师队伍的培养问题，制定教师队伍建设的总体目标和阶段目标。

地方教师培训管理机构也可以制定相关配套文件，鼓励专家型教师承担指导新教师的工作，并折算继续教育学时，给予相应报酬，鼓励他们积极参与此项工作。另外，各地可以充分挖掘地方优秀教师资源，将专家型教师作为本地的教师培训者资源，鼓励他们开发教师继续教育课程，在教师专业发展基地学校开课或者开设专题讲座等，将自己积累的智慧资源传播出去，让更多的教师受益，实现自己的人生价值。

（三）教师研修学习

1. 教师研修学习的内容模块

一般来说，教师研修学习的内容分为五大模块：

第一，职业规范、思想政治素养、师德修养学习；

第二，教育教学理论、思想及方法；

第三，学科教学知识及方法；

第四，学科最新发展及教改信息；

第五，现代教育技术。

2. 教师研修学习的内容重点

由于教师的教学工作任务较为繁重，学习时间较为有限，因此不同时期的研修学习内容的侧重点也不同。随着新课改的推进，当前教师研修学习还应该抓住以下五个

重点：[1][2]

第一，加强课程开发能力的培训。新课改赋予学校和教师在课程方面更大的自主性，相应地，教师要从执教能力的研修转向课程能力的研修，从如何教到如何开发、设计课程，从培养教学名师向培养课程名师转化。

第二，从课例经验分享转向理论自觉，从课例转向课理，从理论转化为实践，培养理论研究意识。

第三，从去智慧化到专业自主，要培养智慧、创新的意识。教育现状是新教材一出，新的教师用书、新的解说、新的课例、新的教案参考就配套发行，这和磨课一样，是一个去智慧化的过程，教师完全变成复制机器。与之相反，教师要发挥自己的智慧，我的课堂我做主。

第四，要培养有教学风格的意识。不要把特级教师神化，机械模仿；教师要有批判思维，要从名师的神话中走出来，转向教学个性。

第五，从传统课堂转向素质教育课堂。教师要有现代技术意识，能及时适应信息化社会和信息化教育的挑战。

（四）培训学习与校本研修

1. 培训学习

教师培训学习是促进教师专业发展和个人发展，提高教师能力和素质的重要途径。

对学校来说，制订教师培训计划是学校管理工作的重要任务之一。一般学校会制订年度教师培训计划。在制订教师培训计划过程中，要注意把握好以下几点：

（1）督促教师制定个人职业规划。教师职业规划是教师对自身的教育生涯乃至人生进行持续、系统计划的过程，其包括职业定位、目标设定、通道设计三部分内容。由于我国教师的专业地位确立时间较短，对教师专业自主发展的重要性认识不足，不少教师缺乏主体意识，专业发展被动，职业发展无科学规划，业务水平提高缓慢。

---

① 李更生，刘力．走进教育现场：基于研修共同体的教师培训新模式［J］．教育发展研究，2012，32（8）：76－80.

② 刘力．课程改革中教师的课程领导力——“课程改革的成败在于教师的情绪实践和课程领导力”（之二）［J］．教学月刊小学版：综合，2013（4）：3－7.

（2）采用多种培训形式，采取集中培训与校本研修相结合、专题辅导与讨论交流相结合、专题报告与观摩教学相结合、理论学习与课例研讨相结合。

（3）分类培训。针对不同对象的教师，提供不同的培训活动。

（4）适当考虑在线培训的方式。充分利用网上的学习资源，利用在线学习的优势。在线学习尤其适合青年教师。

（5）培训设计人性化。要考虑到教师的学习时间，不要让教师超负荷培训学习。

（6）考核与激励并重。把教师培训工作纳入教师年度绩效考核工作中，做到有计划、有实施、有反馈、有总结，对在培训工作中表现突出的教师个人给予表彰，鼓励教师不断学习、不断超越。

拓展阅读

中国教师研修网

中国教师研修网是由全国教师教育学会主办，为全国中小学教师搭建研训一体的专业发展平台，实现教师个人、学校、区域教学组织的知识管理，创建全员参与、团队合作、资源共建、可持续发展的网上学习共同体。2007 年，中国教师研修网成为教育部推荐的中小学教师培训优秀网站；2008 年，中国教师研修网成为教育部教育干部远程网络培训基地。中国教师研修网承担多项国家级、地方远程培训项目，与各地合作伙伴一起搭建多个区域级教师网上学习社区。

国培计划

中小学教师国家级培训计划，简称国培计划，由教育部、财政部在 2010 年全面实施，是提高中小学教师特别是农村教师队伍整体素质的重要举措。国培计划包括“中小学教师示范性培训项目”和“中西部农村骨干教师培训项目”两项内容。

近年来，随着教师教育理论与实践研究的不断深入，教师培训在内容与形式上都在不断地完善，校本培训受到重视，学校、课堂实践逐渐成为教师专业发展的主阵地。一项覆盖我国中西部、兼顾城乡、研究样本涉及 11 个省（直辖市）的义务教育阶段教师培训调查显示，全国中小学教师培训层级的中心在下沉，校本培训已占最大比例。①

2. 校本研修

校本研修也称校本培训，是基于学校、基于课堂的教学研修，在我国已发展了半个多世纪。1999年，教育部在《关于中小学教师继续教育的规定》中要求“中小学校应有计划地安排教师参加继续教育，并组织开展校内多种形式的培训”。同年，教育部在上海召开“面向21世纪中小学教师继续教育和校长培训工作会议”，该会议明确提出，中小学教师的全员培训要以校本研修为主。校本研修作为推动21世纪教师专业成长的强有力途径，短时间内在全国范围内展开，几乎每所学校都会提到，每位教师都要参与进来。

校本研修的三大要素，即自我反思、同伴互助和专业引领。校本研修非常依赖教师主动学习以及学校的专业发展氛围，教师的学习是有情境依赖的，两者是相互关联的。目前，国内外的教育专家都认同：教师学习应该以校本研修为主，教师的学习应该发生在根据自己课堂教学中遇到的问题与同行、外来专家进行研讨的过程中。由于校本研修是基于学校、基于课堂的，因此其优势主要包括：①能较好地满足教师发展的实际需要；②能有效地提高教师的实践操作能力；③培训方式方法更加灵活多样；④培训成果转化为实践行动更直接；⑤增强了教师参加培训的主动性和创造性。②

当然，要想充分发挥校本研修优势是有条件的。学校校本研修能否形成气候，重心工作在于学校专业发展氛围的营造。实践表明，营造学校专业发展氛围并非易事，这个过程可能会经历很多困难，需要学校进行顶层规划、资源开发、活动组织、寻求与外部协作等。

（1）做好校本研修的组织领导。明确校长是第一责任人，具体负责人应由主管人事或业务的副校长担任。校本研修需要学校管理者具有较强的理解、规划、资源开发、过程组织等能力。

（2）做好学校教师发展的整体规划。整体规划的重要目的是明确教师队伍建设目标，使目标体系、行动框架、效果标准更加清晰，为相关实践描绘清晰的愿景、路径与基本标准，这是整合相关工作、聚合资源的关键。没有整体规划，就无法有效整合

---

① 陈向明，王志明．义务教育阶段教师培训调查：现状、问题与建议［J］．开放教育研究，2013，19（4）：11－19.

② 肖远军，张俊珍．教师校本培训的反思及其改进策略［J］．教育理论与实践，2009，29（28）：62－64.

校本教研、校本研究与常规工作、集中培训学习，容易造成教师负担较重，而且导致各项工作任务因缺少明确、统一的目标定位而难以有机配合、难以产生理想效果。

（3）创建学校专业发展氛围、合作共研机制。教师的个人主动学习是校本研修的关键，同事间的共同学习与研讨是校本研修的重要形式。校本研修的策略有很多，如个案研究、行动研究、课例研究、视频反思、网络教研、科技、检查学生作业、同伴互助、工作坊、师徒带教等都是有效的策略。但如果学校中只是少部分教师具有主动学习的愿望，浓厚的共研互助氛围也只体现在个别教研组或课题组，那么校本研修就会成为口号。同伴互助要有合作学习的基本条件和工作技能，学校需要创建配套的保障体系。

（4）引进外部专业资源。自我反思需要指导理念与操作行为双重支架。学校和教师自身研究能力不足是事实，这就需要外界高端资源的引入，为学校教师的合作共研提供专业指导，大学与中小学合作的成功案例渐趋增多，“教师发展学校”也在北京、上海等地先后尝试实施。

（5）积极利用信息技术为校本研修助力。除了搭建研修和交流平台外，信息技术还可以为教师提供各种终身学习的软件。互联网是个知识宝库，而且这个知识宝库中的知识每天都在增加，包括教师教育资源。以手机为例，能帮助教师学习的应用程序（App）也数不胜数。网络上的在线学习工具更是目不暇接。学校需要做的是提升教师的信息技术技能，培养他们学会利用新技术进行学习的开放意识。

校本研修已经成为中小学教师继续教育的重要组成部分，对教师专业能力的提升、学校的持续发展产生重要影响。经过近些年的实践，校本研修已取得不少成功经验，如“教师发展学校建设”①“优质学校建设”②③“以校组班”的个性化校本支持④、校本研修区域协作机制⑤、信息技术支持下的学校或区域校本研修⑥等。与此同时，校本研修也面临着思想观念和实施策略的诸多问题乃至误区，成为改革过程中争论的热点。

---

① 宁虹．重新理解教育——建设教师发展学校的思考［J］．教育研究，2001（11）：49－52；胡庆芳．上海市中小学教师专业发展学校的功能定位及实践特色［J］．教育理论与实践，2013，33（4）：25－28.

② 杨朝晖，李延林．追求优质，我们在行动：基于UDS合作的优质学校建设之路［M］．北京：首都师范大学出版社，2013：6－40.

③ 张乐天．优质学校建设的可喜探索——对《义务教育优质学校办学标准研究》的推介［J］．教育发展研究，2015，35（Z2）：122－124.

④ 详见北京市顺义区《中小学教师培训工作总结报告》（2011年内部资料）。

⑤ 徐学俊，周冬祥．教师校本研修及其区域协作机制探索［J］．教育研究，2004（12）：65－69.

⑥ 谢忠新．信息技术支持下教师校本研修的研究［J］．中国教育信息化：高教职教，2009（4）：17－20.

案例五

遵循教育规律　提高教育成效①

——上海市西南模范中学“十三五”（2017—2020学年）

校本研修规划（修订版）（节选）

一、现状分析

1. 学校背景情况

上海市西南模范中学创办于1997年秋，地处上海南站区域。学校创办的前身是上海市南洋模范中学的汇成校区，1997年成为公办转制校——上海市西南模范中学。2007年由徐汇区国有资产投资经营有限公司作为董事单位接管，改制为民办学校。目前，该校初高中共有52个班级，2 400余名学生，200余名教职工。

2. 师资队伍状况

目前，我校教师164人（含4位校级领导），平均年龄39.7岁。35岁以下青年教师55人占教师总人数的35%，36岁至50岁教师人数为94人，占教师总人数的56%，51岁至60岁及以下人数为15人，占教师总人数的9%。

任课教师中高级教师32人，占教师总人数的20%；中级教师97人，占教师总人数的59%；初级教师35人，占教师总人数的21%。研究生（含学历或学位）33人，占教师总人数的20.1%。

3. 校本研修现状

一直以来，学校校本研修重点有两方面：一是开展旨在增强人民教师责任感与使命感的师德修养及提升学生学做人和做学问内驱力的德育工作交流研修。二是加强课程标准及课程教学方面的研修，并在解决教师怎么教的同时，更要关注学生怎么学才能轻负增效的研究。

从现状来看，校本研修专题化、系列化、案例化是比较明显的特点。学校将校本研修作为提高教师队伍专业化发展水平的重要抓手，以每年寒暑假为集中时段进行集训，结合学校的发展、教师的需求确定研修主题，使校本研修专题化。围绕学校的教

① 上海市西南模范中学．遵循教育规律 提高教育成效——上海市西南模范中学“十三五”（2017—2020学年）校本研修规划（修订版）[EB/OL]．（2018-01-05）[2021-09-03]．https：//xnmf. xhedu. sh. cn/cms/data/html/doc/2018-01/05/31337/index. html.

育价值理念，校本研修的内容形成系列，并延伸至每周的政治学习时间，与每年寒暑假的集中研修互相呼应，形成研修系列。针对一线教师面向家长、学生的工作实际，主要采用交流案例分析的形式，用身边同伴生动具体形象的案例进行交流。

但校本研修系统化还不够，今后如何较为长远地思考和规划3~5年的校本研修工作有待加强。

二、研修目标

1. 总体目标

在“模范教育”办学理念的引领下，坚持“塑造优雅形象，爱心陪伴成长；树立学者风范，智慧引领发展”的主题，围绕教育改革的热点，学校发展的重点，教师关注的焦点，开展校本研修。一是继续提高教师的师德水平、提升教师的育人能力。二是提升教师专业素养，根据区教师“十三五”研修计划的要求，开设素养类课程，为教师的身心发展护航。三是面对教改考改，引导教师研读课程标准，抓好“四基”“五本”。四基，即基础知识、基本技能、基本方法、基本思想，强化对基本知识、概念、原理、与规律的理解与应用是重中之重。完善“五本”，即对校本课程（包括拓展型、探究型、研究型，初中创新素养特色课程）进行顶层设计，编写校本教材，修改完善校本作业集与校本习题集，以及教师校本研修。

2. 具体目标

依托教研修一体模式，根据处于不同发展阶段教师的不同情况，形成合格教师向骨干教师转化，骨干教师向优秀教师转化，优秀教师向名师转化的晋升梯队。

(1) 提高育德能力。以“塑造优雅形象，爱心陪伴成长”为主题开展研修交流活动，培养教师具有较高的政治思想觉悟和师德修养水平，能根据学生的成长规律和学科特点，开展有针对性的学科德育教学和教育活动，做学生健康成长的指导者和引路人。

(2) 具备与时俱进的本体性知识。以教研组的集体教研活动为主要形式，面临教改考改对教师专业发展水平提出的新要求，培养教师具备较扎实的学科专业知识，能较清晰地把握本学科的课程标准、学科教学基本要求、学科核心素养、教材内容结构等，并具有本学科持续学习能力和知识更新能力。

(3) 提高作业命题能力。以“基于课程标准的作业设计的思考与实践”为主题开展交流研修活动，培养教师具备依据学科标准及其评价要求，科学有效设计本学科单元测验的能力，并提高作业设计能力、命题方法和技巧的能力。

（4）提高实验（实践）能力。适应教改、考改的新要求，结合学校标准化实验室的建设要求，培养教师具备相应的学科实验教学、管理、演示、评价、操作和实验资源整合能力；结合学生成长手册的使用、综合素质评价平台的综合运用，培养教师具备社会实践教育、管理、评价、操作和实践资源整合能力。

（5）提高信息技术能力。根据不同学科特点，依据学校的实际情况，逐步推进信息技术优化课堂教学的具体举措，利用信息技术支持学生开展自主、合作、探究等学习活动，提高信息技术的能力。

（6）提高语言文字运用能力，增强课堂语言表现力，提升文字表述的准确性和感染力。注重教育教学各环节中案例积累、经验提炼、研发“五本”时，书写规范、表述准确。

（7）提高心理辅导能力。以“提高教师心理辅导能力”为主题开展系列研修活动，培养教师遵循心理健康教育规律，提高根据不同年龄阶段、不同性别特点、不同性格特点的学生的心理发展特点，开展不同心理辅导的基本方法和技巧。

（8）提高课堂教学能力。以“基于课程标准的课堂导思教学方法研究”为主题开展研修活动，交流教学方法，提高通过课堂教学锻炼学生逻辑思维的能力，培养学生的质疑精神，举一反三、进行知识点迁移的能力。

3. 分阶段目标

（1）启动准备阶段（2017年9月—2017年10月）。

（2）全面实施阶段（2017年11月—2020年8月）。

（3）总结完善阶段（2020年9月—2021年6月）。

4. 学分与学时要求

师德类课程，4分×10课时

素养类课程，6分×10课时

实践体验类课程，20分×20课时

学校每年有两次机会进行课程申报，分别为3月份及10月份前后，具体时间以当年通知为准。

三、研修课程

我们认为校本研修能否扎实有效地推进，需要关注三个核心问题：一是要聚焦教师需求点，提高教师参与研修的积极性；二是聚焦教学实践中遇到的实际问题与难点，提高研修的针对性与实效性；三是聚焦研修过程中出现的亮点，及时肯定并分享，提高教师个体及群体的创造热情，使校本研修充满生机与活力。因此，在课程设计中必须注重理论联系实际、项目引领、任务驱动。

1. 启动准备阶段（2017 年 9 月—2017 年 10 月）

时间	内容	形式	主要负责部门
2017 年 1 月	形成校本研修方案	制订、讨论、完善	校长室
2017 年 2 月	解读校本研修方案	讲座、交流	校长室

2. 全面实施阶段（2017 年 11 月—2020 年 8 月）

研修类型	学分（学时）	时间	主题	主要负责部门
师德类课程	4 分（40 学时）	2018 年、2019 年寒假	塑造优雅形象，爱心陪伴成长	校长室、校办、教科研室
素养类课程	6 分（60 学时）	2017—2019 年，共三年，每年安排一课	人文素养 心理素养 运动素养	校长室、语文教研组、心理教师、体育组、教科研室
实践体验类课程—组本研修	8 分（160 学时）	2017—2020 年，共四年，每年安排一课	树立学者风范，智慧引领发展（结合每学年的教学工作）	教导处、各教研组、教科研室
实践体验类课程—全校研修	12 分（240 学时）	2017—2020 年，共四年，安排六课	树立学者风范，智慧引领发展（①基于课程标准的课堂导思教学方法研究；②编写学科课程统整指南；③校本教材、校本作业、校本习题、德育校本课程的开发编写）	校长室、教导处、政教处、教科研室

3. 总结完善阶段（2020 年 9 月—2021 年 6 月）

在前两个阶段有序推进的基础上，总结完善阶段重在总结、梳理、反思、完善，为下一个五年的校本研修打基础。

四、保障措施

1. 组织保障

成立校本研修领导小组，校长为组长，其他校级领导为副组长，教导主任、政教主任、教科研主任、教研组长、年级组长、备课组长为骨干的校本研修团队成员，形成研修网络，各教研组、备课组、年级组为实施单位，每位教师为实际参与者。

2. 制度保障

（1）校本研修课时制度。每学期每周全校性的研修活动不少于1次，教研组（年级组）的团队研修活动每两周不少于1次，教师个人研修每学期不少于40学时（每周2学时以上）。

（2）校本研修督查制度。结合年级教学视导工作、学期末教学常规检查工作，定期检查教研组、备课组和教师的研修落实情况，并记录备案。

（3）校本研修评价制度。结合学期末示范/合格教研组自评与互评工作，建立校本研修评价体系（教师自评、组内互评、教导处导评、学校审评），学期、学年末开展"学习型教师"评比表彰活动。评价考核结果与教师年度考评挂钩。

3. 专业保障

（1）组建校本研修指导组。以区学科带头人、区中青年骨干教师、部分高级教师、部分教研组组长为核心组建校本研修指导组，在校本研修中先想一步，先行一步，发挥引领作用。

（2）外聘专家对本校研修工作给予必要的专业指导。

4. 经费保障

对购买教师学习用书，以及校本研修的指导、督查、评估、"学习型教师"表彰等，学校给予相应的经费支持。

本章小结

教师的特点：作为育人工作者，大部分教师有其自身的内在工作动机与道德责任感，且具有较强的被尊重的需要。由于教师工作的创造性和复杂性，教师需要处于一种能够赋予他们高度教学自由的、友好的、宽松的工作环境。

教师管理的基本内容包括：教师的资格与聘用、教师的激励、教师的培养与提高、教师的考核与评价。

教师聘任制是我国教师人事管理改革上的一种探索，也是国际上比较普遍的做法，引入竞争机制，有利于促进人才合理流动，打破教师终身任用制，优化教师队伍，扩大校长办学自主权，激发教师工作的积极性，提高教育质量。在具体操作中，应坚持以人为本、科学规范和公开公平公正原则，客观体现教师职业道德、业务水平和工作业绩情况，学校可以运用“双向选择”“择优聘任”“统筹兼顾”的办法。

教师激励的策略包括：提高教师的薪酬待遇；满足教师的成就需求与自我价值实现；创造教师参与学校管理的机会；为教师创造公平的竞争环境；为教师设置恰当的目标激励；应用一些管理技巧和方法。

作为行政性的教师评价制度，教师职称评定制度决定了整个教师成长的制度环境，对教师动力和积极性的影响非常大。当前，中小学教师职称评定制度改革正在全国全面展开。改革后，中小学教师职称评定制度将更关注“教书育人”，改革引导教师更加注重师德素养、更加注重教育教学业绩，让广大教师潜心教育教学工作。

实践中，奖惩性教师评价制度和发展性教师评价制度两者应该结合起来，取长补短，充分发挥每种评价制度的优势。奖惩性教师评价制度的“管理主义”倾向明显，短期效果好，但长期不利于激发教师的主体精神。发展性教师评价制度“以人为本”的评价理念，将教师评价的各种制度要求转变为教师主体的内在自觉，有助于消除评价者与被评价者之间的紧张关系，更好地发挥教师的主体性作用，但是操作上更有难度。

教师评价的具体方法包括：自我评价法、档案袋评价法、绩效考核法、同行评价法、微格教学评价法。

教师专业发展阶段理论，对教师的专业发展具有重要意义。它指明了教师专业发展的阶段和路径，帮助教师明确自己在专业发展的过程中要经历的步骤。教师专业发展阶段理论启发我们要为不同发展阶段的教师提供不同的专业发展计划。对青年教师，重点要帮助其顺利入职；对中青年骨干教师，要为其创设研修环境，提升其教育智慧；对专家型教师，重在创设环境引导其教育智慧输出。

教师培训学习是促进教师专业发展和个人发展，提高教师能力和素质的重要途径。制订教师培训计划是学校管理工作的重要任务之一。在制订教师培训计划的过程中，要注意把握以下几点：督促教师制定个人职业规划、采用多种培训方式、分类培训、适当考虑在线培训的方式、培训设计人性化、考核与激励并重等要点。

校本研修是推动21世纪教师专业成长的强有力途径。校本研修非常依赖教师的主动学习，以及学校的专业发展氛围。学校校本研修能否形成气候，重心工作在于学校专业发展氛围的营造。为此学校需要开展各种实施策略：做好校本培训的组织领导，做好学校教师发展的整体规划，创建学校学习氛围、合作共研机制，引进外部专业资源，积极利用信息技术为校本研修助力。

思考题

1. 如何在学校管理中对教师进行有效激励？
2. 如何在学校管理中构建科学、有效的教师评价体系？
3. 简述教师专业发展的不同阶段及其发展学习需求。
4. 简述当前教师研修学习的内容重点。
5. 如何促进学校的校本研修？

第六章

学校文化建设

学习目标

1. 掌握学校文化的含义。
2. 能够举例说明学校文化建设的基本原则。
3. 能够对照实际写出所在学校的文化建设大纲。

导学材料一

一些名校校训：

1. 北京师范大学附属实验中学：诚信、严谨、求是、拓新。
2. 北京景山学校：明理、勤奋、严谨、创新。
3. 北京21世纪实验学校：做豪迈的中国人。
4. 清华附小：立人为本，成志于学。
5. 北京府学胡同小学：爱国、向善、崇礼、尚学。
6. 北京光明小学：我能行。
7. 华东师范大学第二附属中学：卓然独立，越而胜己。
8. 桂林中学：专心志，忧天下。
9. 从化中学：严、勤、实、活。

10. 长沙市雅礼中学：公、勤、诚、朴。

11. 金陵中学：严谨，务实，创新。

12. 湖南广益实验中学：励志笃学，荣校报国。

13. 四川省安岳中学：勤、弘、信、公。

14. 河北衡水中学：追求卓越。

15. 杭州天地实验小学：会学会玩，能说能干。

16. 河南省实验中学：异想天开，脚踏实地。

17. 无锡市荡口中心小学：养正。

18. 台湾北门小学：诚：磊磊落落的胸襟；正：光明正大的气概；勤：兢兢业业的态度；朴：实实在在的做人。

【问题思考】

看完以上名校校训，你有什么样的感想？

导学材料二

陈玉琨教授在其著名的“学校发展三阶段论”中提出，从学校管理的角度来看，校长、制度与文化是学校发展的三个关键因素。在学校发展的第一阶段，学校的管理主要依靠校长的观念、人格与能力，一个好校长就是一所好学校；在学校发展的第二阶段，学校管理主要依靠一种完善的管理制度和机制；在学校发展的第三阶段，学校管理主要依靠学校文化与校园精神。①

【问题思考】

你是否认同陈玉琨教授的上述观点，为什么？在你看来，学校文化在学生发展过程中扮演着什么样的角色？

① 陈玉琨．光有好校长还不够［N］．文汇报，2005－03－16.

本章内容导图

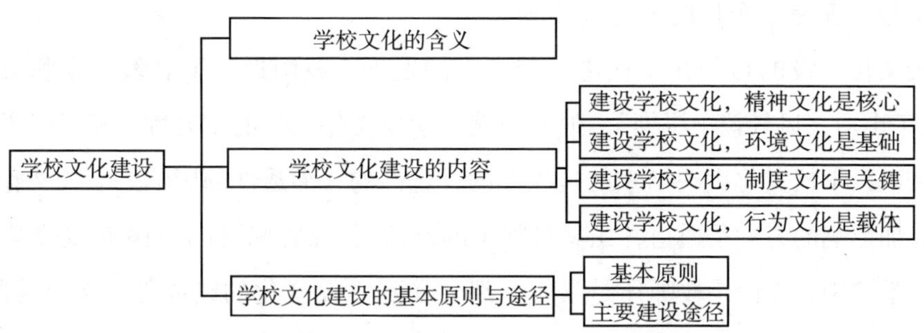

一、学校文化的含义

走进不同的学校，我们会感受到不同的学校文化。这种不同表现在许多方面，可能是看得见的物理环境的不同，也可能是看不见的育人理念、人际关系、管理制度等方面的差异。例如，在物理环境中，一所学校楼内墙壁上悬挂的是学校的办学理念、教育思想、名言佳句、学生作品等，而另一所学校楼内墙壁上悬挂的是学生高考升学光荣榜，学生期中、期末考试成绩排名、高考倒计时牌等，它们背后遵从的显然是两种截然不同的学校文化。又如，在育人理念上，一些学校推崇“全人教育”的教育理念，一些学校推崇“教育即生活”的教育理念，另一些学校则更关注应试教育、精英教育等。

那么学校文化到底是什么？学校文化是以学校价值观念为核心的一个文化体系，其核心是以教育理念、办学理念等为主要部分的价值观念和精神内涵。从内涵上来看，它是学校形成的一种文化，是由全体师生在学校长期的教育实践过程中积淀和创造出来的，并为其成员所认同和遵循的价值观、精神、行为准则及其规章制度、行为方式、物质设施等的一种整合和结晶。学校文化的核心是学校的群体价值观念、价值判断和价值取向。它产生于学校自身，得到全体成员的认同、维护并随着学校的发展而日益强化，最终成为取之不尽、用之不竭的精神源泉。学校文化是学校特色的高度概括，从精神上代表学校。可以说学校文化是“基于学校，在学校中，为了学校”。

从组成上来看，学校文化既包括校园风貌、环境布置、校园仪式等显性的要素；也包括人际环境、心理环境等隐性的要素，如校风、班风。进行学校文化建设既是一个系统工程，又是一个长期工程。

学校文化建设的目的在于促进学校内人的发展。我国近代著名教育家郭秉文提出“教育贵于熏习，风气赖于浸染”，强调的就是学校文化风气的重要性。相对于学校的规章制度来说，学校文化表现出来的是软性的、隐性的、渗透性的影响。学校文化是学校对师生施加影响的另一条通道，尤其对师生的价值观、品德品行上的影响是非常有效力的。置身学校中，无论是教师还是学生，都会受到学校文化的整体性、深层性的影响，尤其是学习风气、道德上的熏陶和养成。美国的教育家伯尔凯和史密斯曾指出：一个办得很成功的学校应以它的文化而著称，即有一个体现其价值和规范的结构、过程和气氛，使教师和学生都被纳入导致成功的教育途径①。一所学校建立了怎样的文化，在某种意义上就决定了这所学校将具有怎样的基本品质。在以文化为本的理念的影响下，学校文化近年来呈现出不断升温的趋势，学校文化建设成为提升学校品质的重要抓手。

二、学校文化建设的内容

学校文化是渗透性的，学校的一切场所、一切活动无不包含和表现出学校的文化元素。正如北京二中提出的“空气养人”的办学理念，“让学校的每一个地方成为人文素养教育会‘说话’的‘墙’，使每一个文化元素像空气一样弥漫在校园的角角落落，真正达到‘养眼，养心，养德，养智，养体，养行’的育人功能。”②

学校文化建设是一个系统工程，蕴含在学校办学过程方方面面的努力中。具体来说，学校文化一般包括四方面内容，即环境文化、制度文化、行为文化和精神文化。这四种文化之间相互关联、相互促进，共同构成学校文化的整体。

---

① 李庆平，刘方庆．实施文化立校方略，增强学校持续发展动力［J］．当代教育科学，2003（2）：27－29.

② 钮小桦．“空气养人”——构建适合学生全面发展的校园文化［A］．北京市社会科学界联合会，北京师范大学．科学发展：文化软实力与民族复兴——纪念中华人民共和国成立60周年论文集（下卷）［C］．北京市社会科学界联合会，北京师范大学：北京市社会科学界联合会，2009：342－349.

拓展阅读

站在学校文化的源头上①

江苏省汾湖高新技术产业开发区实验小学（以下简称“汾小”）创办于2009年9月。创办之初，他们确立了“文化切入”的办学思路，在“让每一位师生拥有成长的感觉”核心价值观的统领下，系统策划文化愿景，不断创造文化事件，逐步形成了以“恒”（坚持）与“成”（成长）为关键词的文化特质。

“汾小”在创立之初就提出了“文化切入”的办学思路。他们提出“一所优秀的学校，总是凭着优秀的学校文化而代代相传，而使一代代教师与学子沐浴其中的”“每一个老师都是文化标识，每一个学生都是文化符号”。在这种思路的指导下，学校开展了成长课堂研讨会、“土书”著作、读“苏”、每月教师会等活动。

1. 成长课堂研讨会

“汾小”每个学期举办的成长课堂研讨会堪称其“文化刻写”中的大戏。在开课教室背后的墙上，布置着历届研讨会的基本信息：时间、主题、大致内容。全体教师及学校管理者明白，学校文化不是一个封闭的系统，学校文化的更新与丰富需要汲取外在的能量。他们在建校后的第一时间，就与华东师范大学课程与教学研究所取得联系，成为“伙伴关系”。此后，著名课程专家崔允漷教授几乎每个月都要到“汾小”，进驻课堂助推“汾小”成长，而成长课程研讨会就成为每学期研究成果的集中展示：有课堂现场，观察报告，自我反思，论文发布，专家点评，等等。

2. “土书”著作

创校之初，校长张菊荣与全体老师相约，记下自己最初的热情与智慧，在学期结束的时候，每一个人出一本书。当时每个人的心里都存有疑问：能行吗？每个人都出一本书？由于教师在过程中对每一项活动的系统跟进，每一位老师在不知不觉中已经完成了“土书”的积累。学期结束前老师们摸索着他们心爱的“土书”，一种因为坚持而获得成长感觉油然而生！“汾小”图书馆——“学恒书馆”最珍贵的馆藏书就是这些“土书”，这里承载着“汾小”人的情怀与智慧。在今天的“汾小”校园里，最

① 成恒．站在学校文化的源头上［J］．江苏教育，2014（11）：14－17．引用时有修改。

富感染力的“景点”就是根据“土书”制作而成的雕塑。

“让每一位师生拥有成长的感觉”是”汾小”的核心价值观。在儿童节的时候，排一台节目，小部分孩子表演，大部分教师观看，是很多学校的常规操作，但是“汾小”并不满足于此，要过“每一个人的儿童节”，他们发动学生制作个性展版，让每个孩子都有展示个性的机会；他们在校园里开辟“成长舞台”，方便孩子们展示成长收获。2013 年儿童节前，学校在“成长舞台”为六年级刘星雨同学举办“个人演唱会”。

“汾小”的文化是柔软的、温馨的。天气不好的早上，老师会收到这样的短信：“值班行政已经到校，请大家小心行车，不赶时间，注意安全!”学校有什么大的决策，会和老师们商量着来做。学校论坛有一个专题帖叫“轶闻趣事话汾小”留下了太多的感人细节。”汾小”还有一个非常有意思的过年方式——“除夕守岁，相约论坛”，每年除夕零时的抢先发帖以及由此闹出来的笑话会成为一年的开心……

（一）建设学校文化，精神文化是核心

学校的精神文化是学校文化的核心。其内容主要包括学校使命、学校精神、办学理念、办学目标、校训等方面。精神文化是由价值观念决定的办学思想和群体意识。这种精神、这种理念是学校文化的核心，是学校的校魂，是贯穿于学校文化各层次的精髓，是学校文化各层次中最为稳定的部分。学校的精神文化不仅是传统文化的继承和发展，而且是时代精神的集中体现。

拓展阅读

1520 年以前全世界建立的组织，现在仍然用同样的名字、以同样的方式、干着同样的事情的只有 85 个，其中 70 个是大学，剩余的 15 个是宗教团体。

——克拉克 · 科尔

案例一

北京景山学校：建设具有学校特质的精神文化

学校使命：高举“三个面向”的旗帜，以科学发展观为指导思想，坚持走基础教育整体改革创新的道路，秉承“全面发展打基础、发展个性育人才”的办学宗旨，为学生的终身成长奠定坚实的基础。

解读：北京景山学校的使命可以概括为“五个一”：一面旗帜、一个思想、一条道路、一个宗旨、一个基础。“一面旗帜”，指“三个面向”的伟大旗帜，即“教育要面向现代化、面向世界、面向未来”；“一个思想”，是科学发展观的指导思想，其基本要求是：坚持以人为本，树立全面、协调、可持续的发展观，促进人的全面发展；“一条道路”，就是基础教育整体改革创新的道路，即从学制与课程、教材与教法、考试与评价、课内与课外、财务与后勤、学校与社会等方面，整体推进基础教育改革；“一个宗旨”，就是“全面发展打基础，发展个性育人才”的办学宗旨；“一个基础”，就是“学生终身成长和发展的基础”。

办学思想：以三个面向为指针，取古今中外百家之长，走继承、借鉴、融合、创新之路，全面发展打基础，发展个性育人才。

解读：古往今来，国内外的教育家和思想家在从事教育实践的过程中，积累了丰富的教育思想、教育方法和教育资源。虽然时代在变化，地域也不同，但教育培养新人和传承文化的功能是恒定不变的。因此，只有坚持“取古今中外百家之长，走继承、借鉴、融合、创新之路”的办学思想，才能使我国的教育立于世界教育之林，使我们的子孙后代能凭借其整体的优良素质主动参与日益激烈的国际竞争。走“继承”之路，就是要继承历史上成功的教育思想和教育方法；走“借鉴”之路，就是要借鉴当今世界各国的教育方法和教育资源；走“创新”之路，就是要及时预测和研究未来社会的发展，准确了解和把握世界教育的发展趋势，立足自身实际，创造能为我国青少年终身成长打下坚实基础的教育思想、教育方法和教育资源。

学校精神：攀峰。

解读：在景山学校成立之初，就树立了“立愚公移山之志，攀基础教育之峰”的高远志向。近50年来，历任校长带领全体教职员工在这一志向的指引和激励下，坚持走一条艰难的基础教育改革攀峰之路。当前，在科学发展观的指引下，全校教职员工攀登基础教育改革高峰的步伐将走得越来越扎实、越来越有成效。

学校校训：明理、勤奋、严谨、创新。

解读：明理，即明做人之理；明“面向现代化、面向世界、面向未来”之理；明爱国、爱党、报效祖国之理；勤奋，即学而不厌、刻苦不懈、善于思考；严谨，即严格认真、求实求真、一丝不苟；创新，即钻研探索、求新开拓、不倦进取。

校风：自强不息，改革创新。

解读：自强不息，对于个人来说，是人的自我完善和发展；对于一个群体来说，体现为自力更生、依靠自己的力量发展和壮大自己的精神。“自强不息”作为人文精神，包括自力更生、奋发向上和革故鼎新、勇猛精进的精神。自力更生、奋发向上，就是不靠外力推动，依靠自己的努力而积极向上；革故鼎新、勇猛精进，就是不停留在旧有的基础上，不断地用新事物代替旧事物，而且一往无前、毫不懈怠。一个学校要有所发展，就必须具有这种精神。

教风：学生为本，全面育人。

解读：学生为本是把学生作为学校教育和管理的根本，就是时时处处把学生的切身利益放在学校改革和发展的首位，就是从学生的立场和角度出发去开展工作。教育是以关心、关怀、关爱学生的健康成长为目的的，这就决定了它不仅是知识的讲解传授过程，更多的是文化传承、思想交流、情感沟通的过程。

全面育人是学校坚决贯彻执行素质教育，坚持德育、智育、体育、美育、劳动技术教育并举，形成全面育人的整体环境。尊重和培养学生的兴趣爱好，张扬个性，培养综合素质，使他们成为全面发展、个性鲜明的创新型人才。

学风：勤于积累，勇于质疑。

解读：积累是一个吸收的过程，质疑是一个批判的过程。只有积累，没有质疑，是盲目地学习；只有质疑，没有积累，是虚妄地学习。只有在广泛积累的基础上进行理性的质疑，才能使吸收的内容得到充分的理解，才能使批判的价值得到最大程度的实现。

（二）建设学校文化，环境文化是基础

环境文化主要是指学校的硬件设施、环境所包含的文化内涵。学校的环境文化包括符号文化和景物文化两方面。

符号文化是蕴含在学校各种视觉系统和听觉系统中的价值观念和行为规范。其中，

视觉系统包括校名、校标、校徽、校旗、图形规范、文字规范等基础视觉要素，以及这些视觉要素在外观、办公、教学、后勤、校服、网站、校刊等方面的具体应用；听觉系统包括校歌、铃声、誓词、口号等具有学校特色的基础听觉要素，以及这些听觉要素在学校日常活动和各种专题活动中的具体应用。

景物文化是蕴含在校园景观和室内布置中的价值观念和行为规范。其中，校园景观主要包括建筑设施的布局与造型、校园建筑设施的命名、校园标志性建筑物、校园宣传设施、校园提示牌、校园主题文化区域等；室内布置主要包括普通教室，办公室，各类专用教室（实验室、计算机教室、科技制作室、生物标本室等），各类活动场所（运动场、体育馆、图书馆、教职员工俱乐部、教职员工茶坊、团队活动室等），各类展室/厅（校史展览室/厅、德育展览室/厅、学生成果展览室/厅等），以及宿舍、卫生间、盥洗室等。

学校环境文化是学校价值观念和行为规范最生动、最直接的展示，其不仅能够有效地凸显学校的办学特色，而且能够有效地激励学校教职工和学生奋发进取的精神。从广义的课程观来看，学校环境文化也是一种隐性课程。苏联教育家苏霍姆林斯基曾指出："孩子在他周围——学校走廊的墙壁上、教室里、活动室里——经常看到的一切，对于精神面貌的形成具有重大的意义。这里的任何东西都不应当是随便安排的。"因此，学校环境文化建设必须上升到价值观念和教育理念的高度来认识，必须与学校的精神文化保持一致，并充分关注学校形象的教育功能。图 6－1 为北京潞河中学的绿色校园，给人一种自由积极的氛围。

图 6－1　北京潞河中学的绿色校园①

① 更多潞河中学的相关资料查看其官方网站 http：//www. luhe. net/page/scenery_list. jsp。

案例二

停停你的脚步，听听我的琴声

——记江北外国语学校北大厅钢琴角①

新学期新气象，经过改造后的江北外国语学校也焕发出新的光彩，北大厅夺人眼球的蚕茧建筑、设备先进的校史馆，东大厅的“成长足迹”，还有盛开的“智慧树”，这些都给了江北外国语学校师生一份大大的惊喜。不过最让孩子们兴奋雀跃的还是置放在北大厅的一架钢琴（见图6-2）。

黑亮的钢琴，立在垫高的木质底座上，与房顶的射灯交相辉映。每天早上，小学部值周班级的学生都会早早到校，在音乐老师的悉心指导下，孩子们小小的手指在黑白琴键上欢快地跳跃着，弹奏出柔和悠扬或震撼激荡的美妙琴声，江北外国语学校的孩子们伴随着琴声开始了一天快乐的学习生活。

钢琴角虽是江北外国语学校小小的一角，却是孩子们大大的舞台。琴声悠扬，唤起孩子们对音乐、对艺术的追求与向往，牵引着他们心动的方向。在美丽的江北外国语学校校园，有你、有我、有书香、有琴声，愿孩子们在江北外国语学校的每一天，都能体味快乐、收获幸福。

图6-2　江北外国语学校北大厅钢琴角

① 宁波市江北外国语学校．停停你的脚步，听听我的琴声——记江北外国语学校北大厅钢琴角［EB/OL］.（2015-03-25）［2021-09-03］．http：//hzbw. jbedu. net/newsInfo. aspx？pkId=2513. 引用时有修改。

案例三

这所学校凭什么被称为“中国最美小学”?①

这两天，杭州西湖边上的一所学校刷爆了很多人的朋友圈。美丽的校园布景让不少网友惊呼“中国最美小学”“想再上一次小学”!

其实，一个学校的美是由内而外的，美丽的园景背后蕴藏的更是学校美好的教育理念。

这是杭州天长小学东坡路的新校园。一所公办小学为啥美成这样？这背后其实“暗藏”了学校自身对于教育的理解。下面就是该校的校长提出的三个核心词：独立的思想、会玩、乐交往。在天长小学新校区的设计上，处处体现了这三个“心机”。

1. 有些特意设置的地方是留给孩子们独立思考的

这些角落，可以是孩子沉思、观察、独处的地方，也可以是几个小伙伴聊天、游戏的地方。这样的角落，每一层都有十多个。“不是所有角落都暴露在老师的视野下，在保证安全的前提下，孩子可以有自己的时间和空间。这也是差异教育的一种环境设计样态，只有这样，孩子才能发现自我、认识他人，否则一直在众目睽睽下，真正的儿童个性化很难得到发展。”校长说。

2. “好玩的学校”是改建校园的核心理念之一

教学楼的教室不同于普通教室。这里的教室靠近走廊的一侧是全透明的窗户，走廊近6米宽。大走廊布置得很有童趣，一侧是用彩色渔网编制的书架，天花板上画有蓝色的云朵。在这里，无论是孩子们的游戏时间还是老师的阅读活动时间，都可以“玩”得很自在。6米宽的走廊也是一个敞开式的阅读空间，孩子们可以随时随地进行阅读。

校长说，“好玩的学校”是改建校园的核心理念之一，让孩子们喜欢学校，在这个并不大的校园里寻找到乐趣。

3. 校园的设计让孩子们乐交往

在设计上，每个大走廊都极富童趣，有着彩色的“丛林”和漂亮的“天空”，在

① 佚名. 这所学校凭什么被称为“中国最美小学”? [EB/OL]. (2015-09-18) [2021-09-03]. https://www.sohu.com/a/32352563_101042.

这个大空间，孩子们可以交朋友、阅读、游戏等，老师们也可以在此组织各种特殊课程的学习。

操场边上的长廊是由低矮的紫藤花架搭成的，可供孩子们攀爬，吸引他们挑战、探索、观察、发现。

操场上有特别设计的拱形休息区，旁边还可以种小植物；走道里有彩色的树冠，工人们正在手工编织粗绳书架；还有绿叶鲜花拱门和璀璨星空的梦幻音乐厅，有才艺的孩子可以大展身手；校园里还有一个特别的水表，它裸露在外面，孩子们可以随时去观察水表的情况。

所以，天长小学新校区被建造成这样绝不是偶然，里面的每个细节都贯穿了值得深思的教育理念。

图6－3为杭州天长小学东坡路的新校园设计①。

图6－3 杭州天长小学东坡路的新校园设计

可以看出，学校优美、健康、奋发向上的环境建设与学校的物理环境布置有直接关系。学校的环境设计应是思想性、情感性、艺术性的统一体。学校管理者既要有整体统筹安排，又要注重局部的精雕细刻，让每一处环境都能起到潜移默化的熏陶作用，以发挥物质形态的校园文化的教育功能。

（三）建设学校文化，制度文化是关键

制度文化是指学校各项制度体现出的文化特点，蕴含在学校教育管理思想、管理

---

① 区电子政务办．天长小学新校园来了［EB/OL］.（2015－08－24）［2021－09－03］．http：//www.hzsc.gov.cn/art/2015/8/24/art_1267769_4540402.html.

体制、运行机制及管理模式之中，包含校纪校规、奖励惩罚等校园内一切制度形态的东西。它既是看得见的显性文化，又是无形的隐性文化，是向行为文化、精神文化过渡的桥梁。

现代管理要求，必须从“文化”的角度来看待制度，要赋予制度以文化色彩，要加深制度的文化内涵。制度文化反映的是人力、物力、财力的科学配置。在制定制度的过程中，要力求突出目标追求、价值取向、素质要求、态度作风等精神文化方面的条款，给制度以灵魂，强调人的理想信念、奋斗方向、学校规范，从而使规章制度既能起到强制约束作用，又能发挥激励规范作用，使师生在执行制度、遵守纪律的同时又能张扬个性，实现自我价值。

从制定主体来看，学校制度既包括国家出台的相关法律、章程、守则和规定，如《义务教育法》《教师职业道德》《学生守则》等，也包括学校为具体落实各方面的工作而制定的各种管理和工作制度。从具体内容来看，学校制度主要体现在：学校章程、学校发展规划、组织结构与岗位职责、行政管理制度、人事管理制度、学生管理制度、课程与教学管理制度、教科研工作制度、档案与信息管理制度、财务管理制度、财产管理制度、后勤工作制度、安全管理制度、党群组织管理制度、学校发展性评价制度等方面。从执行主体来看，学校制度包括教师制度、学生制度、行政人员制度三方面。

学校制度文化的价值在于学校的精神文化必须依赖制度的力量，才可能影响行政人员的管理行为、教师的教育和教学行为，进而影响学生的学习行为。行政人员、教师和学生是制度文化的承载者，他们的行为是“制度意志”的体现。

北京十五中：学校学术委员会①

新课程改革之后，北京十五中成立了一个“学校学术委员会”的组织。为什么要成立这样一个组织呢？就是为了针对新课程改革中所出现的学术问题，解决课程地位性冲突，这是一个半民间半官方的组织。

成员是从老师当中海选出来的，也就是谁要开一门课，谁要建设一门效率课程，

① 陈达．郃亚臣：教育贵于薰习，风气赖于浸染——专访北京市第十五中学校长郃亚臣［EB/OL］．（2011－12－08）［2021－09－03］．http：//roll. sohu. com/20111208/n328357403. shtml.

都必须经过学术委员会公开答辩。经过学术委员会投票认同才可以开课。“学术上的东西行或者不行，不是领导说了算，而是要依照学术标准，民主投票才能做出决定。”

拓展阅读

深化学校制度文化认同，坚定教师提高素养能力的主体意志[①]

学校制度文化认同是指教师能够发自内心地认可学校制定的相关制度，既表明了教师的价值判断和归属意识，又反映了教师的决策取向和行动趋势。因此，深化教师的学校制度文化认同，有助于帮助教师走出“心理舒适区”，坚定其克服困难、谋求变革的意志品质。

（一）坚持教师发展在学校制度文化建设中的主导地位

从根本上看，论及制度文化，实际上就是探讨与制度相关联的意识形态和社会心理。对学校而言，如果围绕教师核心素养和能力发展调适、重构或完善相应的学校制度文化，必须扎扎实实坚持“教师发展优先”的基本方向。在教育实践中，一些学校虽然构建了服务教师素养和能力提升的制度文本，但是其理念重心还落脚在“学校管理”，而非“教师发展”上。于是，教师体会到的制度文化不是支持，而是束缚，大大降低了制度文化的激励价值。学校制度文化建设应坚持教师发展优先的基本原则，这意味着：在思想政治方面，要引导教师处理好个人发展与社会发展之间的关系；在道德品质方面，要引导教师处理好言谈举止和行为示范之间的关系；在学识修养方面，要引导教师处理好提升个人业务与促进学生成长之间的关系；在教育精神方面，要引导教师处理好个人理想与育人担当之间的关系。

（二）搭建全员教师参与学校制度文化建设的机制通道

学校制度文化不仅是一种规制教师行为方式的外部约束力量，它还会以规章制度、行为标准、管理体系等为依托，促进教师形成共同的观念意识和行动方式。在具体的学校环境中，为了能够让制度的精髓尽可能融入教师的自主发展历程中，需要在制度制定并沉淀为文化的过程中遵循并贯彻民主参与机制。就教师核心素养和能力的提升而言，首先，教师作为直接的利益相关者，应该有机会、有渠道表达自己的利益诉求

---

① 赵婧，王光明．新时代学校制度文化建设探赜——基于教师核心素养和能力发展的导向［J］．教育理论与实践，2019，39（25）：23－26．引用时有修改。

和合理化建议。其次，学校要通过公告栏、校园网等中介平台将相关信息向全体教师实时公开，使每位教师都能够知晓信息，防止教师由于信息不对称而产生对抗情绪。概言之，教师的参与能够使规章制度的出台和执行始终与教师的自主发展保持密切关联，进而经由参与的过程不断增强教师发展自我的责任意识。

（三）培育教师落实学校制度文化精神的心理契约

在教育系统中，心理契约是指“教育关系中存在的一系列彼此期待的主观信念，是教育关系双方相互期望的集合”。一所优秀的学校，其制度文化之所以能够推动教师素养和能力的提升，重要原因在于教师与制度文化之间能够建立起牢固的“心理契约”机制。换言之，积极的心理契约可以促使个体教师不再把自我素养和能力的提高与外力的强行规训捆绑在一起，教师主要经由内心的变化带动行为的转化，即通过对教育环境中的新规范、新信念、新原则建立情感认同，主动自觉地促使自身行为向着需要的方向发生改变。因此，学校制度文化要扎实服务于教师各项素养的提升或各项能力的改进，高度重视教师心理契约机制的培育、发展和强化，利用个体教师的自我教育力量巩固教师对学校制度文化的心理认同。

（四）建设学校文化，行为文化是载体

行为文化，就是学校成员行为体现出的价值观念和行为规范，既反映了学校对教职工和学生外加的行为规范，也体现了学校教职工和学生内在的价值观念。

学校的行为文化主要蕴含在两方面的行为表现中：一是在事务管理、教育教学和学习等日常活动中的行为表现，如教学组织形式、教研活动组织形式、家长会组织形式、校际合作交流、与其他学术团体和社会单位的交流等；二是在学校开学典礼、运动会、社会实践等各种专项活动中的行为表现。从个体的角度来看，学校行为文化反映的是每个行政人员、教师、学生的个人修养和个人礼仪；从集体的角度来看，学校行为文化是对学校全体成员的价值取向和精神风貌的高度凝练，并通过校风、教风、学风和领导作风展现出来，如学校教学秩序、上下课秩序、课间操秩序等。

行为文化主要包括以下四个方面。

1. 学校的仪式文化

学校无论是面向教师还是面向学生都有很多仪式，如升旗仪式、开学典礼、毕业

典礼、成人宣誓仪式、入党宣誓仪式、新老教师师徒结对仪式、教师节表彰大会、元旦文艺会演、节日纪念活动等。这些具有不同功能的仪式，构成复杂的仪式文化。学校的文化管理要重视这些仪式文化的开发，从而起到净化师生心灵、鼓舞师生士气、提升师生精神境界的作用，尤其是选择有代表性的教师或学生上台演讲，既满足了师生的成就感，又激发了师生的内驱力，会有意想不到的效果。

2. 学校团队行为文化

学校教育行为、管理行为、招生行为、考试行为、分配行为、合作行为等以稳定性、习惯性、传承性的方式呈现，就表现为一种行为文化。这种行为文化具有教育和辐射功能，它也是学校形象的一种呈现。

3. 学生个体的行为文化

学生的文化素质、科学素养、人文素养、实践能力、行为习惯、道德品质、人际交往等都是学生个体行为的体现。学生素质的高低体现了学校的品位，决定了学校的愿景。

4. 教师个体的行为文化

教师的生活方式、学习方式、交往方式、教学或管理实践等都是教师个体的行为文化的体现。教师境界的高低、素质的差异，决定了这种文化品位的高低。教师个体的行为文化往往以非正式组织的方式呈现。任何团队中都存在着因爱好、性格或利益等因素一致而组成的非正式组织，每个非正式组织都呈现出不同的组织文化。学校要把提升教师非正式组织的文化质量，作为教师精神塑造的途径。

案例五

北京二中的学生文化建设①

学生文化是学生在学习生活、人际交往等方面的价值观念、行为方式、精神风貌的集中反映。北京二中学生文化建设的目标是让学生学会做人、学会生活、学会学习、

① 钮小桦．空气养人：我的办学理念［J］．中小学管理，2009（3）：49－52．

学会相处，所表现出来的是“向上、向学、向善”的发展态势：有积极向上、乐观阳光的人生态度和有心向学、立志求学的精神以及较好的人格修养，使学生走出校园后能表现出鲜明的知识能力特征和鲜明的文化特征。

二中的文化节、科技节、读书节、合唱节、戏剧节、体育节，以及25个涵盖文学、艺术、科技方面的社团已成为学生文化生活的重要组成部分。成人仪式的感恩教育，毕业典礼的服务社会、报效祖国的教育，彰显着仪式文化的魅力；班级发展目标的制定、班级文化展示框的设立，彰显着学生群体的文化追求；学生“义工制度”的建立，彰显着学生的社会文化特征。学生文化建设需要引领。为此，学校为每位学生都配备了导师，还为高三学生配备了“双导师”，一位是二中老师，另一位是特聘的知名学者，学生通过与特聘导师的近距离接触，了解导师的人生故事和感悟，感受导师的大家风范，从中受到鼓舞和激励。在教师博物馆旁边，我们还建立了学生博物馆，引导学生对学校历史的阅读和思考，寻找创造历史过程中的那些感人的故事和传奇，从而内化为一种“今日我以二中为荣，明日二中以我为荣”的价值追求。

北京景山学校：同学眼中有趣的配饰节

对北京景山学校的学生来说，每年一度的配饰节，那可真是一个让我们能够学习美、创造美、展示美的大舞台。

9月的一天，一大清早，景山学校的校园门口就变成了沸腾的海洋。瞧！这里有个戴魔法帽的，那边有个穿大侠披风的，这位同学的民族服饰好鲜亮啊，还没看清，眼前又闪出一位漂亮的泡泡裙公主……是的，你没有看错，相信自己的眼睛，这里的确是在我们学校——北京景山学校，与往日所不同的是，今天的学校不再是统一的校服世界了，而是变成了一个展示个性与创意的舞台……

每年9月，景山学校都要组织开展配饰节的活动。今年（2015年）的配饰节的主题是：环保、节约、自创、新意。为了这个节日，同学们都会做精心准备：上网查资料，收集各种废旧材料，互相讨论交流，然后开动脑筋，充分发挥想象力，动手制作自己心仪的配饰。女孩子天生就爱美，这次配饰节，我早就想做一个与众不同的配饰。我用纸杯子和旧头花做了一顶别致的小帽子，用绳子和小戒指做了一条项链。配饰节那天，我和同学们都戴上了自己亲手制作的配饰。早晨上学时，学校门前的胡同里满是戴着五颜六色、造型各异配饰的同学，真是让人大开眼界。进了教室，我们可以尽情欣赏同学们的作品。有的同学制作的帽子让人忍俊不禁，有的同学的发饰让人啧啧称奇。大家纷纷议论着谁的配饰最漂亮，谁的配饰最有创意。我们为自己的劳动成果感到自豪，也分享着别人创造的快乐。

我们不仅有配饰节，还有科学节、艺术节、英语节、糖果节、果实节……这些学校创办的各种有趣的小节日构成了我们丰富多彩的校园生活。在这些快乐又有趣的节日里，我们动手动脑，学以致用，开阔视野，丰富知识，点燃创造的激情，发掘多方面的潜能。说不定，将来我们当中就会涌现出杰出的设计师、伟大的科学家、非同凡响的艺术家呢！

三、学校文化建设的基本原则与途径

学校文化建设既是学校发展的目标，又是学校生存与发展的战略。学校既要依靠学校文化来管理，又要在改革中开展学校文化建设。

（一）基本原则

1. 整体性原则

学校文化是由精神文化、制度文化（含课程文化）、行为文化、环境文化等要素组成的复杂系统，涉及学校办学的方方面面：物质与精神、外在与内在、制度与组织、行为与形象等。学校文化具有内生内源的性质，是“基于学校，在学校中，为了学校”。英国将学校文化建设与学校发展有机结合，按照“整体规划，追求品位，分步实施，逐步完善”的策略，整体推动学校文化建设。

2. 导向性原则

一所学校的文化一定要有其核心的主导思想，这个思想主导着学校各方面的努力，是学校当前和未来发展的风向标。这个思想应该集中反映学校的育人思想，如通才教育。学校文化建设要对学校发展有正确的导向，要有利于促进学校当前和未来的发展。为此，学校文化建设不仅要继承中华民族的优良传统和教育理念，而且要借鉴世界其他国家的先进价值取向和经验。

3. 继承性原则

学校文化是一个学校在比较长的发展过程中逐渐形成的，是学校历史的产物。因此，在进行学校文化建设时，应该继承和保留现有文化中的合理因素，在已有文化的基础上进行改善和提升，使文化既能得到学校历届教职工的认可，也能得到当前教职工的理解和接受。

4. 多途径原则

学校文化涉及方方面面，需要多管齐下。学校精神、校长垂范、制度文化、环境文化、教学文化、教师文化、学生文化等，都是学校文化建设的重要落脚点。

5. 主体性原则

学校教职工和学生是学校文化建设的主体，他们既是学校文化的建设者，也是学校文化的践行者，还是学校文化的受益者。因此，要充分调动全体教职工和全体学生积极参与学校文化建设，在学校办学历史的基础上，针对学校当前教育教学和管理中存在的问题，提炼学校的核心价值观和办学理念，形成具有学校特色的学校文化。

6. 开放性原则

学校文化是社会文化的一个有机组成部分，既受到本土文化和外来文化的影响，又受到传统文化和现代文化的影响。在学校文化建设中，要保持开放的心态和务实的作风，要在坚持先进文化导向的前提下，充分调动社会各方面力量参与学校文化建设，并鼓励学校教职工和学生与外界社会互动、与多元文化互动，在互动中生成和发展学校文化。

（二）主要建设途径

学校文化是一种学校生存与发展的战略。学校文化的建设没有捷径，需要建设和积累。

1. 学校文化建设的基本策略

（1）制度规范。学校通过一系列规章制度建构学校的文化秩序，属于比较强势的、系统的推进，采取的是自上而下的“以文化人”的方式。采取这种发展策略的学校要制定中长期的学校文化战略纲要，从制度上对学校的教学行为、管理模式、师生关系等人文建设进行加强。

（2）逐渐推进。通过榜样示范、故事启迪、仪式激励的方式开展文化建设，属于微弱的、零散的推进，采取的是自下而上的“以人化文”的方式。

2. 学校文化建设的入手点

学校文化建设的基本途径和方法有制度导向、课程实现、榜样示范、故事启迪、仪式激励、校长垂范、环境熏陶、培训强化。归纳起来，学校文化建设可以从学校观念、历史文化、学校环境、教师文化、学生文化等方面入手进行建设。

（1）学校观念建设。这是使全体师生感受学校精神力的重要抓手。精神力是指学校的精神、理念对学校发展所产生的内在驱动力及对社会公众所产生的影响力量。其内容大致包括：核心价值观、学校战略定位、发展愿景、学校精神、学校使命、校训、教育理念、管理哲学、校园格言、学校宣言、校风、教风、学风、教师誓词、学生誓词等。学校要找准机会对全体师生不断灌输学校的核心理念。

（2）历史文化建设。历史文化建设包括对学校历史进行加工整理、对学校历史建筑进行保护、收集和宣传老教师事迹（名师风采）、开展校友会（校友事迹）等。对历史的传承，会赋予学校更强的文化和精神力量。学校的历史资源是非常宝贵的教育资源。有些学校甚至成立了博物馆，专门展示学校的历史传统。

（3）学校环境建设。学校环境是师生能够感受到的最直观的环境。与学校环境建设相关的理念较多，包括绿色校园、人文校园、书香校园、数字校园等，学校可以根据实际情况设计自己的校园环境。绿色校园指绿化面积广阔、空气清新、植物繁多的校园，在当今深受广大师生的喜爱和认可，被称为“绿色学校”。

校园文化建设最常见的具体形式是书香校园，即通过开展读书活动，鼓励师生读好书，达到怡情、提升自我的目的。

（4）教师文化建设。在教师文化建设上，主要的关注点包括教学文化、教研文化、学习文化。在教学文化方面，要围绕学校的教育教学理念，树立科学的人才观和育人理念，培养爱生理念和以身作则的垂范榜样；在教研文化方面，通过教研组文化、年级组文化等培养教师开放、合作、互助的精神；在学习文化方面，通过多种形式的正式和非正式活动，培养教师的团队意识、合作精神，拓展教师视野，增进教师之间的了解，如开设人文讲座、培养业余爱好、开展群体活动、发展民间教师组织、增加与社会的交流等。

拓展阅读

学校犹水也，师生犹鱼也，其行动犹游泳也。大鱼前导，小鱼尾随，是从游也，从游既久，其濡染观摩之效，自不求而至，不为而成。

——梅贻琦

学生与其所信仰崇拜之教员，朝夕亲炙，即无直接之训练指导，日久其思想行为，亦必为之潜移默化，于是所收间接训练之效果，必甚宏远。

——张伯苓

（5）学生文化建设。在学生文化建设方面，要塑造平等、参与、合作与分享的基本氛围，主要通过班级文化、社团文化、食堂文化、寝室文化等，强化学生的文化建设。对学生来说，推广某理念，最好的方式是讲故事。学校要根据学生特点施行文化教育，对初中学生的教育以外显行为文化为重点，对高中学生的教育以理性思考内涵文化为重点；依据学生文化建设的多侧面性，既要重视价值观培养方面的建设，又要重视礼仪文明方面的建设。

总之，学校的文化建设是一个长期的过程。它需要主动建设，也需要长时间的积累；需要校长的垂范，也需要全体师生的共同努力；需要自上而下地以文化人，也需要自下而上地以人化文。

本章小结

学校文化是以学校价值观念为核心的一个文化体系，其核心是以教育理念、办学理念等为主要部分的价值观念和精神内涵。学校文化建设是一个系统工程，涉及学校办学的方方面面，加强学校文化建设是学校管理工作的重要任务。

学校文化一般包括四方面内容：环境文化、制度文化、行为文化、精神文化。建设学校文化，精神文化是核心、环境文化是基础、制度文化是关键、行为文化是载体。

学校文化建设的基本原则包括：整体性原则、导向性原则、继承性原则、多途径原则、主体性原则、开放性原则。

学校文化是一种学校生存与发展的战略，它需要建设和积累。学校文化建设可以从学校观念、历史文化、学校环境、教师文化、学生文化等方面入手进行建设。

思考题

1. 学校文化建设的内容是什么？
2. 学校文化建设的基本原则有哪些？
3. 通过资料查询，寻找在学校文化建设方面做得较为突出的学校或地区，了解他们的实践做法与经验，并形成案例。

第七章

学校管理与信息技术

学习目标

1. 了解学校管理信息化的内容。
2. 能够列出影响学校信息化建设的四个要素。
3. 能够说出学校开展信息化工作的主要步骤。

导学材料一

《国家中长期教育改革和发展规划纲要（2010—2020 年）》强调，信息技术对教育发展具有革命性影响，必须予以高度重视。在信息化推动教育管理上，要构建国家教育管理信息系统，制定学校基础信息管理要求，加快学校管理信息化进程，促进学校管理标准化、规范化。要充分利用优质资源和先进技术，创新运行机制和管理模式，整合现有资源，构建先进、高效、实用的数字化教育基础设施。加快终端设施普及，推进数字化校园建设，实现多种方式接入互联网。重点加强农村学校信息基础建设，缩小城乡数字化差距。

2018 年，教育部印发《教育信息化 2.0 行动计划》，提出要到 2022 年基本实现“三全两高一大”的发展目标。其中，“三全”指教学应用覆盖全体教师、学习应用覆盖全体适龄学生、数字校园建设覆盖全体学校；“两高”指信息化应用水平和师生信息素养普遍提高；一大指建成“互联网+教育”大平台。教育信息化从1.0时代进入2.0时代。

【问题思考】

你认为教育信息化对学校管理的影响有哪些？

深圳大学附属实验中学：智慧校园亮点纷呈①

被称为“网红”智慧校园的深圳大学附属实验中学2021年9月正式迎新。深圳大学附属实验中学是《深圳市高中学校建设方案（2020—2025年）》中提出未来3年深圳市建设的30所高水平设计、高标准高中学校之一，是深圳市教育局直属、交由深圳大学管理的寄宿制公办普通高中。该校的智慧校园设计亮点纷呈。

“刷脸”走遍校园。校园公共人脸库系统：实现校园师生人脸库统一标准、统一接口，为无卡化校园的刷脸出入、刷脸消费、刷脸借书、刷脸预约、走班考勤、宿舍管理等各个业务系统提供高效、可靠、统一的AI数据和能力支撑。

电子班牌：用于信息发布，快速获取校园资讯；课表查询与考勤；作业打印，查询个人错题集，与打印机联动，在班牌上打印自己的错题集。

除了刷脸系统、电子班牌，该校建设的智慧校园平台还包括以下内容。

综合服务平台系统：实现学校通知、公告发布和查收；教师考勤、请假体系和工资便捷查询申请；物资、场馆、车辆、维修等后勤服务一体化；来访人员严格审核和信息可查性；自定义微应用等多元化功能。

一站式教务管理系统：新生入学数据信息采集和管理，学生学习课表和自主选课设置等。该系统通过强大算法支持的排课系统，满足学校个性化需求的排课方案。

云课堂学习空间系统：教师自主创建多样化教学材料，如课程视频、试题和试卷，实时生成学生学习统计；或共享至公共平台，和教师实现教学资源共享。

智能宿舍管理系统：闭环学生入住的床位分配、住宿签到、请假、调宿、退宿五

① 广州日报. 高水平设计、高标准建设高中学校工程 学校像公园 装备高精尖！深大附属实验中学竣工交付[EB/OL].（2021-09-03）[2021-09-13]. https://baijiahao.baidu.com/s?id=1709878637331014351&wfr=spider&for=pc. 引用时有修改。

大环节，简化宿舍管理工作流程，掌握学生归寝动态，提升宿舍科学管理水平。

校园直播系统：实现互动录播，全自动控制录播设备启动，可进行上课过程中老师、学生、VGA 等场景的全景、特写画面全自动跟踪及切换录制，整体跟踪精准度高，画面、声音清晰，切换逻辑科学合理，满足国家优课录制评比需求。

智慧图书馆：智慧图书馆基于射频识别技术和人脸识别技术，采用无感方式，简化借还书操作流程，提高图书流通率，实现无感“刷脸”借书。

【问题思考】

看完以上案例，谈谈你的感想。观察身边的学校，他们开展了哪些信息化的管理工作？

本章内容导图

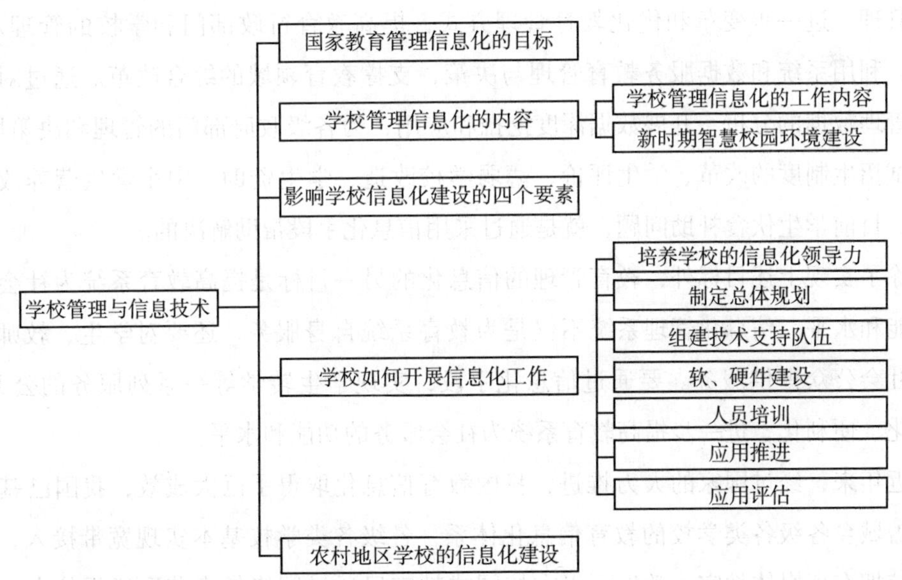

《国家中长期教育改革和发展规划纲要（2010—2020 年）》明确指出：“信息技术对教育发展具有革命性影响，必须予以高度重视。”“加快学校管理信息化进程，促进学校管理标准化、规范化。”抢占教育发展的制高点，以信息化促进学校管理的现代化，提升办学水平，目前已成为许多学校的发展策略之一。

一、国家教育管理信息化的目标

《教育信息化十年发展规划（2011—2020年）》中将教育管理信息化的发展目标定为："进一步整合和集成教育管理信息系统，建设覆盖全国所有地区和各级各类学校的教育管理信息体系，教育决策与社会服务水平显著提高，学校管理信息化应用广泛普及。"其中，最基础也是最重要的第一步是，建立国家级教育管理核心信息系统，实现为每一名学生、教师和每一所学校及其资产建立全国唯一的电子档案，实现学生和教师"一人一号"、学校"一校一码"。在核心系统建立的基础上，实现两个目标：第一，逐步实现教育相关业务，如学生入学、毕业、升学、转学，教师培训、调动等信息化管理，进一步变革和优化教育管理方式，提高教育行政部门和学校的管理水平；第二，利用系统和数据服务教育管理与决策，支撑教育领域的综合改革。通过对全国教育管理数据的分析，开展数据深度挖掘和应用，为各级政府部门的管理和决策服务，如考试招生制度的改革、学生评价、薄弱学校改造、学生资助、中小学生营养改善计划等。目前学生伙食补助问题，就是通过采用信息化手段帮助解决的。

除了实现上述目标外，教育管理的信息化的另一目标是提高教育系统为社会服务的功能和水平。信息化管理系统不仅是为教育系统自身服务，还要对学生、教师、家长和社会公众提供服务。要通过信息化手段，实现学生转学等一系列服务的公开化、高效化、便利化，进一步提高教育系统为社会服务的功能和水平。

近年来，经过国家的大力推进，我国教育信息化取得了巨大成效，我国已基本建成覆盖城乡各级各类学校的教育信息化体系，各级各类学校基本实现宽带接入，95%的学校拥有多媒体教室，学生可以在校园或教室里通过网络任意获取所需信息。国家级教育管理核心信息系统得以建立，网络教学环境得以大规模普及，国家数字教育资源公共服务体系基本建成，师生信息素养实现有效培育。教育信息化有力地推动了教育现代化。2018年，教育部印发《教育信息化2.0行动计划》，指出未来教育信息化的重点是推进新技术与教育教学的深度融合，真正实现从融合应用阶段迈入创新发展阶段。中共中央、国务院在《中国教育现代化2035》中，重点部署了面向教育现代化的十大战略任务，其中第八大任务即加快信息化时代教育变革，对教育信息化发展做出整体设计和统筹部署。其中涉及教育管理的内容包括：建设智能化校园，统筹建设一体化智能化教学、管理与服务平台；利用现代技术加快推动人才培养模式改革，实现规模化教育与个性化培养的有机结合；创新教育服务业态，建立数字教育资源共建共享机制，完善利益分配机制、知识产权保护制度和新型教育服务监管制度；推进教育治理方式变革，加快形成现代化的教育管理与监测体系，推进管理精准化和决策科学化。

韩国的国家教育信息系统①

韩国所有的学校都和国家教育信息系统相连，这有利于数据的收集。国家教育信息系统总部和分部共同致力于数据的分析和推广，教师和家长都可以把数据输入该系统。

韩国教育科学技术部每年通过国家教育信息系统在全国范围内收集学校的数据，学生数据样本的进一步选择和分析也是使用该系统。这些数据分析的结果，对于政策的制定和执行具有参考价值。除此之外，一些数据从教育网和家庭网络学习系统中收集得来。教育研究信息院跟踪并了解有多少人登录，用户的上网学习时间以及他们如何使用这些网络资源。对于较活跃的使用者，教育研究信息院将定位他们的地理位置，同时可以了解不使用教育网的学生的分布情况，收集而来的数据经过分析之后，也可以给政策推广和财政预算提供参考。

二、学校管理信息化的内容

学校管理信息化就是运用信息与通信技术系统地提升和变革学校管理的过程。学校的信息化能力建设是国家教育信息化的主阵地。对学校管理来说，信息化是整合资源、共享信息、加强学校教育教学管理、增强学校竞争力的有效途径。

① 杨勇．韩国教育信息化概览［J］．世界教育信息，2012，25（7）：23－26.

（一）学校管理信息化的工作内容

除了制定总体规划外，学校管理信息化的工作内容主要包括以下五个方面。

1. 搭建硬件环境

硬件设备和环境是信息化的前提。硬件环境包括校园网建设、数字化教室建设、智慧校园相关的各种信息采集与识别设备等。

2. 搭建各类信息化应用系统

信息化应用系统包括办公自动化系统、学籍管理系统、人事管理系统、校产管理系统、教学仪器管理系统、视频会议系统、即时通信系统、邮件系统、“校讯通”系统、资源库系统等。借助这些系统，可以实现办公电子化、通信网络化、管理数字化。通过电子化办公，可以记录每个工作流程，进而规范整个工作流程，此所谓以数字化促进规范化；通信网络化，有助于学校教职工意见、家长意见、外部社会意见的更充分表达，此所谓以数字化促进民主化管理；电子化系统中的数据还可以为科学的管理决策提供依据，此所谓以数字化提升智能管理水平。

3. 丰富各类教学资源

教学资源包括教学软件、教学课件、教学案例、科研反思、论文、音像资料等。这些教学资源来源于教师自主开发、网上免费下载的教学资源，也可以是当地电教中心提供的资源库内容，学校也可以从外部购买。

4. 搭建教师研修平台

教师校本研修是最需要学校专业发展氛围支持的一个难点领域，技术可以搭建一个基础性的研修平台，促进教师间的协作、对话、交流与自我反思，形成一个全校的氛围。在校本教研过程中，教师可以把平时的教学成果，如教案、教学资料、教学案例、论文等上传到平台，教师之间可以基于这些分享进行深度的对话与交流。

5. 相应的信息化应用培训与学习

信息化应用培训与学习包括人员配备与培训，以及利用技术开展网上培训与学习。信息化对人员的素质有较高要求。每一次学校信息化的升级，意味着许多流程的变革，意味着新技能的学习。设备有了，应用系统搭建了，这一切最后能否发挥实效，还要依靠教师来操作和应用。因此，信息化专业队伍的建设，以及对教师的信息技术应用能力培训，都是学校管理信息化的重要工作之一。另外，学校也可以利用信息技术的优势开展教师在线培训学习。

（二）新时期智慧校园环境建设

1. 智慧环境的部署

智慧环境是智慧校园的基础和保障。例如，在南京许多学校纷纷建立了遍及公共区域的校园信息发布系统，可做到随时随地了解学校工作事项和校园活动动态，将以往基于PC端的校园网站平台拓展为多终端管理平台，充分利用移动端优势，在信息发布功能基础上实现设备报修、调课请假、就餐管理、弹性离校、协同备课、活动直播、家校沟通、安全监控等教育教学管理事项的网上办公和管理。同时采取统一身份认证技术将校内教育教学管理各类平台数据打通，为将来教育大数据在学校的探索应用做好基础性工作。①

2. 搭建高效的教育教学管理平台

许多学校探索应用课堂教学支持系统，利用教学平台、教学终端、作业批改、阅卷系统、资源平台，全面支持教与学活动的开展，为推动新教学模式的应用研究提供了充分的技术保障条件。

随着新技术的发展，信息技术在学校管理上的应用范围越来越广、越来越深入，学校管理呈现出开放、移动、智能等一系列具有鲜明时代特点的管理特征。当前，国家也

① 中国江苏网．南京："智慧校园"引领教育现代化［EB/OL］．（2018-02-07）［2021-09-03］．http://www.jsenews.com/news/sx/201802/t20180207_5099026.shtml.

在号召学校建设智能化校园，统筹建设一体化智能化教学、管理与服务平台。近年来，不少学校尤其是条件较好地区的学校，逐步开启了数字化校园、智慧校园的建设进程。许多学校将便捷的移动技术，如短信、微信、微博平台等应用于教学管理、家校联系，效率高、效果好。一些学校建立了信息化的选课平台，使学生的选课走班成为常态。有的教育集团利用云平台召开各分校同时参加的网络管理会议。许多学校也已经建立其网络授课平台，使学生能够通过网络进行远程学习。在新型冠状病毒肺炎疫情期间，我国实施大规模线上教学，覆盖全国大中小学近3亿师生，实现了“停课不停学”。

下一步，国家将进一步加大工作力度，加强教育新型基础设施建设，完善教育信息化体制机制，积极推进智能教育发展，利用5G、人工智能等新技术新应用构建网络化、数字化、智能化、个性化、终身化的教育体系，推动教育改革和发展，支撑教育高质量发展。一些城市已开始在一些学校部署建设智慧校园，如本章导学材料介绍的深圳大学附属中学。在南京，大部分学校实现了网络全覆盖，智慧班牌逐渐走进教室，各种大型切割设备、机器人和创客工具进入创客空间，学生评价从单一的学业成绩变得多元化和可视化，课堂教学工具从电子白板、数字化答题器到iPad不断升级迭代。日常管理包括办公自动化、选课走班、活动报名、老师请假、报修等，基本实现了无纸化办公①。

南京师范大学附属小学“微校+”平台应用②

“其一，近一百门校本课程，2 400名左右的学生，算上家长共8 900名用户同时在线选课，几乎可以用‘秒抢’来形容其效率之高。放到以前，同时完成如此体量庞大、复杂交错的选课，不敢想象，更遑论在分秒之间。其二，暑假作业，不再用纸笔了！学生直接通过线上平台完成作业：一是运动打卡，二是暑期研究性任务。其中暑假研究性任务的过程包括7月1号到10号上传自己的研究计划，7月10号到8月10号上传

① 佚名．教育信息化赋能学校管理的三种力量［EB/OL］．（2019－09－10）［2021－06．28］．https：//www.sohu.com/a/339938409_177272.

② 佚名．信息化教育全国赛道上，南京为什么遥遥领先？［EB/OL］．（2019－02－22）［2021－09－03］．https：//baijiahao.baidu.com/s?id＝1626130081725462901&wfr＝spider&for＝pc. 引用时有修改。

研究的过程性资料，8 月 10 号到 20 号上传研究终端性的资料。作业分组进行，一个老师对十五六个学生进行指导，对于‘优秀的作业’可以推送到精选界面，供全校师生阅览。校长也可以通过平台清晰便捷的了解全校的作业情况，以及获得相关统计数据。”

以上是南京师范大学附属小学（以下简称“南师大附小”）借助“微校 +”平台（直接在微信上登陆）实现的信息化教学管理的两个缩影。

信息化的助力给学校的教学管理带来了实实在在的改变。对于上文提到的暑假作业，在一个暑假内，南师大附小全校学生分享了 6 955 份资料，推送到精选界面 1 114 份，资料一共包括图片 28 000 多张，视频 500 多个，文字 241 万……每年开学，学生们会有一个学习分享，每个年级会提取最好的做成一本电子书，这本电子书包括学生的研究计划、过程性研究、最终成果等，又能成为其他学生的学习资源。

借助“微校 +”平台，南师大附小还实现了一张胸牌完成全员评价。胸牌内置了一个芯片，老师借助 FC 转换器，对着胸牌扫描，就可以知道学生来自哪个年级哪个班，叫什么名字，老师就可以随时对其在校行为做出评价。如课间文明游戏，学生表现有礼貌，老师可以扫一扫胸牌，加一颗星（即产生对应星豆值）。图 7－1 为南师大附小“微校 +”平台界面。

图 7－1　南师大附小“微校 +”平台界面

三、影响学校信息化建设的四个要素

影响学校信息化建设有以下四个要素。

（1）学校的信息化领导力。这不仅指校长个人的信息化领导力，还指学校决策层的信息化领导力。这个信息化领导力体现在对信息化的认识，应用信息技术开展现代学校管理的意愿，自身的信息素养，对信息化的规划能力、管理能力和质性能力。学校的信息化领导力会直接影响学校对信息化规划的投入和建设。对中小学校来说，校长和专管信息化建设的副校长的信息化领导力非常关键，甚至校长是否亲自负责信息化相关的工作，都会影响学校信息化的建设。校长对信息化建设的推动工作主要体现在领导制定学校的信息化规划。

（2）资金问题。资金短缺会造成资源和设备不足，各种行政支持、培训无法落实到位。资金不足，也会造成后续设备和软件无法及时升级的后果。

（3）人员问题。人员不仅包括参与信息化建设的专业技术人才，还包括信息化最重要的用户——教职工。学校缺乏专业技术人才，会直接影响学校信息化应用的持续推进；而教职工是否愿意采纳新技术、是否具备基本的信息素养，也会影响信息化的应用。甚至有研究认为，教师是推动技术教育应用的最关键要素。从已有的实践经验来看，不同教师对信息化会表现出不同的接受程度，且这种接受程度并非始终如一，而是不断变化的。教师的观念尤其是老教师的观念一时难以转变，是学校信息化推进过程中经常遇到的问题。计算机使用年限越长，教师的技能、态度与自我效能感往往就越好，在教学和管理中就会越多地使用计算机。不过，让教师在日常管理工作中应用技术，比让他们在课堂中应用技术，相对要容易接受一些。

（4）应用管理制度的建设。学校的信息化管理建设不是“一次性建设”的工作，它需要精心规划，需要投入，更需要配套的制度保障。在信息化硬件、软件到位以后，学习的信息化应用也不能保证一定就能顺利开展。信息化应用是否能够真正用起来，需要落实在广大教师身上，还需要相关制度的配套实施。尤其是在初期，许多教师因为惧怕技术，或担心增加工作量，或担心新技术改变原来的工作流程，而不愿意使用技术。所以，信息化应用从开始建设到常规化运作，必然经历一个逐渐适应的过程。

这个过程的转变并非易事，涉及观念转变、工作流程重新梳理、新技能学习、新文化创建等，没有一定的机制或制度去引导，这个过程很难顺利地过渡完成。这些机制或制度内容包括培训学习、激励机制、评价机制、合作与交流、文化创建等。通过制度的引导，才有可能创建对教师有最直接影响的应用信息技术的工作氛围，才能让信息化应用成为新的学校文化的组成部分，从而创建一个支持性的外在环境，激发教师更积极地参与信息化应用。

相关研究表明，在实施条件建设和技能建设具有一定基础时，教育技术应用的创新扩散更依赖于教师的内在想法与理念，以及组织层次的各种要素。

四、学校如何开展信息化工作

谈到信息化，人们首先想到的是计算机硬件设备、网络设备等的配备，以及一整套软件、应用系统的配套安装。然而，一个学校的信息化建设并非这么简单，硬件、软件可以通过增加投入解决，但让学校的信息化系统运作起来，使之有效地服务于学校的发展目标，则需要一个规划和长期管理的过程。这个过程需要包括校长在内的全体教职工的参与。

（一）培养学校的信息化领导力

信息化领导力是指在现代化的学校中，学校决策层借助多种信息技术工具和信息化资源，通过对信息的收集、整理、加工与处理，支持其决策并激励和影响全体师生，促进学校可持续发展，提高创新超越的能力。其核心是运用信息技术不断改变学校现状，提高教学质量，为学校获取更多的发展机会。信息化领导力不应该只局限于校长个人，最好由一个团队如学校信息化领导小组来培养、发挥这个领导力。信息化领导力可以通过教育技术能力培训和教育信息化领导力培训来提升。

目前，在国家教育信息化的规划中，也十分重视对学校信息化领导力的培养。在当前校长负责制的学校管理体制下，校长本身的信息素养、对信息技术的看法以及是否亲自抓学校的信息化建设等，都会影响学校的信息化建设效果。

（二）制定总体规划

信息化会改变学校各项工作的流程和方式，会引发变化甚至变革，也势必会引起教师不同程度的抵制，因此学校的信息化建设是一个全校总动员的过程，真正做好并非易事。为此在启动之初，就需要组建信息化专项领导小组，确立学校的信息化建设的主要目标，统一组织筹划并全面监督各项工作。在这个领导小组里，不仅要有学校领导、技术骨干，而且要有教职工代表，满足他们的工作需求，加强他们在信息化建设中的参与感。同时，组建由教育专家、技术专家、管理专家构成的咨询顾问队伍，为数字化校园建设工作提供咨询和把关。更重要的是，预料可能遇到的问题和困难，制定相应的制度和激励机制，保障各项工作有序开展。

在实施信息技术应用于教育的工作过程中，可能会遇到诸多挑战，主要有：一是移动设备对学生学习的影响问题、学生的视力等健康问题、游戏和网络成瘾问题；二是信息安全和隐私问题；三是信息化需要持续的投入，如果没有持续的投入，那么设备将无法及时更新、人员无法得到必要的培训；四是教师的时间问题，让教师尝试新的管理方式和教学方式都需要时间上的大量投入。在规划时，对这些问题都要给予充分的考虑。

下面以南京“智慧校园”建设为例介绍信息化的整体规划。

 案例三

南京“智慧校园”建设八大思维①

2017 年，南京市委市政府提出“智慧校园”建设，这是“十三五”期间南京市教育信息化工作的重头戏。如何让校园更加智慧？南京市教育局提出了八大思维：整体思维、移动思维、平台思维、智能思维、混合思维、跨界思维、数据思维和安全思维。

整体思维强调硬件、软件、人件、潜件的整体发力。

智能思维认为连接技术是应用主流，包含多媒体、社交软件、智能手机；感知和

① 佚名．信息化教育全国赛道上，南京为什么遥遥领先？［EB/OL］.（2019－02－22）［2021－09－03］．https：//baijiahao. baidu. com/s？id＝1626130081725462901&wfr＝spider&for＝pc.

认知技术是突破方向，要挖掘人工智能的优势，驱动教育的变革。

混合思维是指如何有机地使用学习环境、学习方式、学习进程、学习空间的混合。

跨界思维思考的是行业企业如何深入到智慧校园建设当中。

……

八大思维的提出，让南京信息化的推进有了系统的架构思路。

例如，在“人件”培养上，除了全体教师的信息技术应用能力培训外，南京格外重视关键队伍的培养：一把手校长、教研员队伍、学校首席信息官、农村教师。又如跨界思维的落地。南京有很多知名高校，在今年启动了中小学生走进大学重点实验室的行动。一大批学校进入南京航空航天大学、南京理工大学、东南大学、南京大学、南京师范大学、南京工业大学。许多创课课程、STEAM课程，都是和大学一起来建设的。再如在智能思维的践行上，南京在全市开展AR/VR新技术应用研究，多次组织AR/VR技术教师培训，并编撰发布了AR/VR读本教材。

为了推进创客教育，从2016年开始，南京还连续举办了三届“中小学创客大赛”，以2017年第二届大赛为例，活动从7月初开始报名，到11月初最终决赛，跨度近四个月时间，全市共有400多所学校近6 000多名学生参与。

（三）组建技术支持队伍

信息化建设需要技术的支撑。学校只有在技术人员的支持下，才能有效地开展数字化校园的建设。学校信息化建设无论是自主开发系统，还是购买、租用系统，学校自身都需要技术人员的深度参与。在中小学校，这些技术骨干一般由信息技术教师兼任。很多专家和有经验的一线管理者都提出忠告，在与公司合作的过程中，一定要经常与公司进行交流，在相互理解的基础上才能实现预期的数字化校园建设目标。①

（四）软、硬件建设

大致来说，信息化建设分为搭建硬件平台与梳理各软件平台两方面。每个学校的

① 董艳，李玉顺，王珏，等．中小学数字化校园建设的评估与发展［J］．教育研究与评论：中学教育教学，2012（3）：91.

需求也许不尽相同，但其基本架构类似，大体可分为以下四个层次。

一是校园网建设与维护。校园网是数字化校园的基础，实现 www 服务、互联网接入、身份认证、目录服务、网络安防等功能。

二是数字化教室等信息设备的配置与使用，主要用于教学。

三是数字教育教学资源库及优秀数字文化资源的建设、共享与使用，这部分也是主要用于教学。

四是教学、科研、教师、学生、财务等管理信息系统的建设、数据共享与使用，这部分主要服务于学校管理。这类系统一般需要通过购买或定制开发。

无论是硬件还是软件系统的建设，都需要技术队伍对学校的应用需求进行调研，形成报告，在此基础上与公司合作开发。

（五）人员培训

队伍建设是发展学校信息化的基本保障，信息化最终要通过教职工的采纳和应用才能发挥作用。对不同年龄层次的教师，要设立不同的应用目标，鼓励青年教师利用信息技术探索新的教学与工作方式，同时允许年龄较大的教师在技术学习上有一个缓慢的接收和适应过程。而且，学校可以通过定期培训、建立应用示范小组等方式对教师进行信息技术方面的培训。

（六）应用推进

在应用推进阶段，要经历调动教职工积极性、信息化后新流程的建立、工作量重新计算、技术支持服务等环节。在这个过程中，需要管理和激励机制的建立。要发展种子教师，建立一些应用示范小组，形成应用信息技术的校园氛围。应用推进期间可能会爆发不少新问题，学校要做好应对措施，领导小组要提供物质和精神上的支持。

（七）应用评估

学校应通过建立一套卓有成效的监督、激励、评价机制，及时追踪学校信息化应用的实际效果，看是否满足了学生、教师的需求，是否收到了良好的教学回报。在推进过程中，如果发现信息化使原有的教学或管理工作更加复杂，就要及时加以改进，不能强硬向前推进。

李玉顺教授通过对美国、英国、澳大利亚、新西兰等国家数字化校园建设的重点分析和评估，以及结合2010年的美国国家教育技术计划和教育信息化评估内容的分析，提出要从以下三个层面进行中小学数字化校园建设的评估①：

一是建设层面，即要掌握各个学校数字化校园建设的情况，评价当初投入巨资建设数字化校园取得的成果如何，是否达成预定目标，并检验执行情况；

二是应用层面，即建设的各类软、硬件设施是否真正“用起来”，以评价当初的规划是否合理，是否促进学校核心业务的发展和突出校本特点，以及有无创新应用等；

三是效益层面，即评定数字化校园的建设、应用带来的效果效益，调查各类用户的满意度，评价建设采用的技术是否合理，数字化校园的建设是否提升了学校的综合实力和促进今后的可持续发展。

重庆树人景瑞小学的信息化建设历程

有一所学校：教室里没有黑板、粉笔、教科书，只有4个触摸智能屏幕。学生可以随时根据学习讨论情况任意改变桌椅摆放。教室里的空气、温度、湿度都可以实现智能调节。利用平板电脑、智能屏幕和无线云端，可实现教师端、学生端、云端之间的交互，同时提供深度沟通信息平台、智能教学数据采集分析等功能。在这里，学习无处不在，无时不在……

这是怎样的一所学校？得花多少钱啊？

其实，这是我国一所普通公办小学——重庆树人景瑞小学。

学校地处城乡接合部，是2009年建立的一所小区配建的全日制公办小学（一年级至六年级），现有在职教师67人，学生1 408人。不同于传统公立学校，该校教室里没有黑板、粉笔、教科书，取而代之的是4块触摸智能屏幕，师生人手一个平板电脑。教师借助平板电脑发布学习任务，收集学情数据，学生以四人小组为单位，利用平板

① 董艳，李玉顺，王珏，等．中小学数字化校园建设的评估与发展［J］．教育研究与评论：中学教育教学，2012（3）：91.

电脑开展合作学习。教室里不再是常见的固定桌椅，而是可移动的小桌，学生可随时根据学习情况，调整组织方式。

建校初，这所学校和其他公办学校并无不同。师资构成复杂，是一支由顶岗实习教师、聘用教师、在编教师组成的混合团队。学生家长中普通工人和农民占65%，有大学本科及以上学历的仅占0.28%，有精力和能力辅导学生学业的家长非常有限。学校确定了利用信息技术促进教育变革的发展思路，建设网络学习空间，全面推进移动学习，快速提升了教育质量。2012年，这所建校仅四年的普通中小型学校，在全区教育质量监测中从第八名跃居第一名并在此后一路领先，作为教育信息化示范学校享誉全国。

这所学校的成功得益于校长对信息化的高度重视。2010年，由于师资和生源上并不占优势，为了激发学校活力，学校将现代信息技术融入教学和管理，希望通过移动学习模式，激发学校发展活力，让每一个学生都能借助新的学习方式，获得优质教育，得到全面提升。

1. 整体规划

关于整体规划，刚开始重庆树人景瑞小学并没有明确的目标规划，而是在摸索中前进，不断优化目标，调整完善。总体来说可以分为以下三个阶段。

（1）第一阶段试点先行，探索模式（2011—2013年）。2011年，学校组建了移动学习项目科研室，负责项目的规划、设计和推广，组建了信息化办公室，负责对项目进行宣传、培训和指导，为先行探索提供了机制保障；2012年，学校轮番派出教师到北京、上海、广州等地学习移动学习相关经验，尝试做微课，更好地理解移动学习，为先行探索积累了原始经验；2013年，学校决定在一个班级开展移动学习试点探索，以自愿报名的方式招募4名教师，建立了首个智慧教室，为先行探索创造了物质条件。经过两年努力，试点探索取得了初步成功，教师掌握了开展移动学习的教学技能，取得了较好的教学效果，并得到了家长的理解与支持，为全校整体推进移动学习打下了基础。

（2）第二阶段全员覆盖，形成模式（2014—2016年）。2014年，学校实现了移动学习全覆盖，搭建了完备的校园无线网络，全校24个班级的师生自带平板电脑开展教学，具备了全面推进移动学习的物质基础；2015年，学校将信息技术与学科教学深度融合，建立了含有系列微视频、配套习题、教学小程序等学科教学资源的移动学习资源库，创造了全面推进移动学习的软件基础；2016年，学校在教学实践中形成了课前、课中、课后全面衔接的移动学习模式，教学数据全采集、全分析，让个性化学习成为可能，确保了全面推进移动学习的教学成效，学校每学期组织开展一次基于移动学习的全学科赛课，促使教师在常态教学中推进移动学习，形成了全面推进移动学习的浓厚氛围。

（3）第三阶段融合创新，提炼总结（2017—2019 年）。2017 年，学校形成了集学习平台、管理平台、研修平台为一体的网络学习空间，为深入推进移动学习提供了物质保障；2018 年，学校将“修养自己，芬芳他人”的培养目标细分为体质健康、品德修养、学习能力、艺术审美四大关键能力，对应开设 135 门基于网络学习空间的校本课程，为深入推进移动学习打开了思路；2019 年，学校开始了以人工智能推进移动学习的新探索，为深入推进移动学习拓宽了路径。

2. 软、硬件建设

软、硬件建设主要包括三部分内容。

（1）搭建了安全可靠的信息化基础环境。全面部署了锐捷 7 108 万兆交换机，建立了 2.4G/5G 双频无线 AP、智能集成 AC、网络实名认证系统为基础的校园千兆无线局域网络系统，架设了 2 台大数据处理服务器，确保师生开展移动学习的流畅性和稳定性。为了确保校园网络的安全，除了安装防火墙设备防止外部攻击外，还增加了局域网上网行为管理设备，以对内外部数据进行分析检测，确保了校园网安全。

（2）建构广阔的网络学习空间。鼓励师生自带移动终端，实现了学生人手一台平板电脑。通过校企合作，搭建集学习平台、管理平台、研修平台于一体的网络学习空间，为教师和学生的个性化学习提供支持。学生、家长和教师拥有独立的网络学习空间账号，确保了空间的私密性。

（3）形成丰富的数字教育资源。一方面，依托教育部提供的国家教育资源公共服务平台，把国家优质教学资源引入到学校网络学习空间；另一方面，引导师生、家长创新资源，目前已开发交互性学习资源 28 249 件和微课视频 9 464 件，确保了移动学习的多样性和优质性。

3. 人员培训

在人员培训上，学校通过阶梯式目标，逐步提升教师运用信息技术改善教学效果的能力。

（1）定期开展教师培训、集体研讨，先让教师“用起来”。为全校教师制定了“定时培训 + 定制培训”的培训方案，一周开展一次集体培训，针对有个别需求的教师开展一对一培训，消解他们开展移动学习的畏难情绪，解决教师在信息化教学中的困难或阻碍；通过组织集体研讨的方式，开展线上与线下相结合的教学研讨，鼓励每个教师分享自己的教学资源和教学经验，激发教师开展移动学习的主动性。

（2）开展教学评比、质量检测，让每位教师“用得好”。依托网络学习空间对教师的教学行为和学生的学习行为进行数据采集，分析学生的知识掌握情况、学习参与程度、合作学习状态和学习专注水平，从而形成教师教学质量分析报告；此外，学校一年开展两次移动学习的教学比赛，全校教师参与，通过比赛提高教师开展移动学习的能力和水平。

（3）依托外部力量、常态开放，帮助教师“创新用”。依托各方力量参与，引入高等学校、科研机构的专业力量开展教学指导，围绕教学策略、资源开发、学生指导等主题开展教学研讨；引入互联网企业提供专业的技术支持，邀请程序员和工程师进入学校，与教师一起优化网络学习空间，促进信息技术更好地在移动学习中发挥作用；每周两天时间（周三和周五）向社会开放课堂，家长和其他学校的教师都可以进班听课，促使教师在常态运用中实现教学创新。

2014年，在校长李华的带领下，全校师生实现了人手一台平板电脑。随后学校陆续引进电子手环、大屏幕触控一体机、FEG未来教育个性化教与学系统V3.0平台等现代化教学平台和设备。在设备的持续更新升级中，景瑞人从未改变教育初心：比设备更重要的是信息技术引发的教育深层变革。景瑞小学在树人方面紧扣学生核心素养培育，全面落实立德树人根本任务，以培养“灵、雅、善、慧的现代人”为育人目标，以应用带动信息技术与教育全过程的深度融合，推动教育信息化实现跨越式发展，实现了一所新学校的“弯道超车”。

五、农村地区学校的信息化建设

实现农村学校教育信息化，是推进教育信息化的基础，是全面实现教育现代化的重要标志，是促进义务教育均衡发展的重大举措。农村地区学校的信息化建设，一直是国家教育信息化的重点议题。教育信息化的使命之一就是促进教育的均衡发展。过去40年，我国农村教育信息化经历了“校校通、农远工程、三通两平台、教学点数字教育资源全覆盖、薄改、改薄”等系列工程，极大地改善了农村学校信息化基础设施环境，为农村学校输送了丰富的数字教育资源。“教学点数字教育资源全覆盖”项目自2012年11月正式启动，截至2015年，全国6.4万个偏远教学点已全部实现设备配备、资源配送和教学应用“三到位”，有效满足了400多万名偏远地区孩子就近接受良好教育的愿望，实现了保基本、兜底线、促公平的重要突破。我国各级各类学校基本实现宽带接入，95%的学校拥有多媒体教室，学生可以在校园或教室里通过网络任意获取所需信息。信息化对农村教育发展的促进作用是显著的。

目前，由于条件限制，偏远山区农村学校信息化环境仍然相对落后，地区发展不平衡问题仍然较为突出。目前农村学校的信息技术应用整体上还远落后于城市地区的学校。人们也认识到，如果不加快农村学校的信息化建设，将会加大城市和农村地区教育发展的不均衡，引发更大的“数字鸿沟”。抓好农村学校教育信息化，要重点解决四个问题：一要解决好硬件问题，要将硬件问题作为基础性工作加以推进和落实。由政府主导，加大投入，同时动员社会各方力量，共同致力于农村学校信息化应用条件的改善。二是解决好“软件”问题，充分发挥网络时代的开放免费资源优势，引导教师充分利用国家基础教育资源，同时逐步搭建起集教学管理、教学、科研服务于一体的校园系统。三是解决好“人”的问题，要对人员进行充分的培训，提高其信息素养，培养终身学习的能力。四是构建全民参与、内外结合的优质数字资源共享机制与公共服务体系，逐步使农村地区、边远地区、贫困地区、民族地区的学校都能共享优质教育资源，创新教育公平、精准扶智新形式。

拓展阅读

“国家基础教育资源网”（http：//so. eduyun. cn/national/index）是专为我国广大中小学教师和学生提供丰富教育教学资源信息和网络化学习的平台类门户网站，所有资源面向教师免费使用。网站由教育部基础教育课程教材发展中心、中央电化教育馆联合主办。

学校教育信息化的过程，实质上是教师教育观念、思维模式、行为方式转变、专业发展的过程，是对教育教学进行分析、思考、重建、再认识的过程，是学生主动参与、主动发展、能力提升、不断进步的过程，更是学校新的管理流程再造和新文化的创建过程。丰富的教学资源和新的规范流程，对学生教育个性化的形成，对学生新文化的熏陶、信息素养的形成、创造性思维的培养，都将产生重大而深远的影响。信息化使人们交流的方式发生变化、使交流更加便捷，信息化改变了学校管理方式、教师的工作模式、学生的学习方式。[①]

拓展阅读

韩国教育信息化的经验教训（韩国教育部副部长金载春）[②]

在实施教育信息化规划过程中，我们得出了三个经验教训：

第一，政策一贯性。要保持政策和领导的一贯性，对信息技术在教育中的应用制定系统性的总体规划。韩国自1996年以来，以5年为单位制订教育信息化的综合计划，今年是第五个五年计划。制订的计划涵盖一切，如硬件和软件的发展规划、教师如何培训等。发展教育信息化是惠民政策，但是也有人反对，因此观念的教育也要纳入其中。在执行计划中，如果发现某部分有弊端，政府会随时调整。同时，对信息技术在教育中的应用效果进行持续的监控和反思。第二，投资。要对资源进行持续投资，以完成基础设施的建设，同时与国家层面的规划保持一致。第三，监督与评价机制。要对技术的应用效果进行系统的监控和评价，教育部门要与其他利益相关者协作，共同促进信息技术应用的有效性，并通过充满活力的初步实验逐步推广应用。

拓展阅读

《中国教育现代化2035》中教育信息化的描绘[③]

《中国教育现代化2035》中教育信息化的描绘以“智能”为驱动，以人才培养为核心，创新中国教育信息化未来趋势与发展走向的四大方面。

---

① 余安敏．在信息化环境下建立学校管理新流程［J］．现代教学，2010（4）：70－71.

② 佚名．韩国教育部副部长金载春：建立信息技术应用于教育的监控和评价体系［J］．中国教育网络，2015（06）：14.

③ 孙立会，刘思远，李芒．面向2035的中国教育信息化发展图景＊——基于《中国教育现代化2035》的描绘［J］．中国电化教育，2019（8）：1－8，43.

第一，提升校园智能化水平。在初级层面上，智能校园建设要求学校具备与多媒体终端相配套完善的学校网络基础设施；在中级层面上，构建网络运行维护的长效机制，如网络资费政策、数字教育资源等；在实现教育信息化基础设置建设、网络机制运行基础上，强调提升智能校园水平应综合运用大数据、物联网、云计算和混合智能等技术，构建教学、管理、服务一体化的智能平台，通过数据的伴随式搜集和信息的自动化分析实现由环境数据化到数据环境化的转变。

第二，探索新型教学形式。《中国教育现代化2035》不单单强调信息技术与教育的深度融合，更关注智能空间环境下教育的个性化、协同化与多元化。现代信息技术作用于人才培养模式变革，鼓励基于大数据开展学生个性化分析，并制定符合学生发展需求的个性化培养方案，以智能协同、虚拟教学的形式实现规模化教育与个性化培养有机结合，开发智能教育助理贯穿教、学、实践、评价全过程。

第三，创新教育服务业态，提倡以在线学习等形式精准推送定制化教育服务。互联网可以打破学校教育资源供给的“围墙”，构建全民参与、内外结合的优质数字资源共享机制与公共服务体系，逐步使农村地区、边远地区、贫困地区、民族地区的学校都能共享优质教育资源，创新教育公平、精准扶智新形式。

第四，推进教育治理方式变革，以大数据为基础追求教育管理精准化与决策科学化，在智能信息管理系统基础上形成现代化的教育管理与监测体系，优化信息化网络安全环境，加强信息化制度与数字化资源标准建设，逐步消除信息孤岛，确保网络教育环境的安全、可靠，以及优质教育资源的联通与共享。

本章小结

学校管理信息化就是运用信息与通信技术系统地提升和变革学校管理的过程。学校的信息化能力建设是国家教育信息化的主阵地。对学校管理来说，信息化是整合资源、共享信息、加强学校教育教学管理、增强学校竞争力的有效途径。

学校管理信息化的工作内容主要包括：搭建硬件环境，搭建各类信息化应用系统，丰富各类教学资源，搭建教师研修平台，相应的信息化应用培训与学习。

影响学校信息化建设的四个要素包括：学校的信息化领导力，资金问题，人员问题，应用管理制度的建设。

学校可以从以下方面开展信息化工作：培养学校的信息化领导力，制定总体规划，组建技术支持队伍，软、硬件建设，人员培训，应用推进，应用评估。

农村地区学校目前的信息化建设任务仍是加大基础性投入，改善硬件条件，加强培训，提升人员信息素养，同时要搭建全民参与、内外结合的优质数字资源共享机制与公共服务体系，逐步使农村地区、边远地区、贫困地区、民族地区的学校都能共享优质教育资源。

思考题

1. 影响学校信息化建设的要素有哪些？

2. 请选择一所学校，试着描述其信息化管理状况，分析信息化管理在该校学校管理中发挥的优势，并提出你的改进建议。

3. 通过查询资料，寻找在学校管理信息化方面做得较为突出的学校或地区，了解他们的实践做法与经验，并形成案例。

参考文献

[1] 黄显华，朱嘉颖，等．课程领导与校本课程发展［M］．北京：教育科学出版社，2005.

[2] 范禄燕．探索之路：北京景山学校在“三个面向”指引下的教育改革［M］．北京：商务印书馆，2010.

[3] 罗生全．学校课程领导：模式、发展趋向及启示［J］．课程．教材．教法，2008（7）：28－33.

[4] 李更生，刘力．走进教育现场：基于研修共同体的教师培训新模式［J］．教育发展研究，2012，32（8）：76－80.

[5] 齐学红．新编班主任工作技能训练［M］．上海：华东师范大学出版社，2007.

[6] 韩东才，李季，王小棉，等．班主任基本功：班级管理的基本技能［M］．广州：暨南大学出版社，2009.

[7] 钟启泉．教师研修的模式与体制［J］．全球教育展望，2001（7）：4－11.

[8] 毕田增，赵敬春．走进校本学习与培训［M］．北京：开明出版社，2003.

[9] 刘堤仿．教师校本培训学［M］．杭州：浙江大学出版社，2004.

[10] 李更生，刘力．走进教育现场：基于研修共同体的教师培训新模式［J］．教育发展研究，2012，32（8）：76－80.

[11] 高慧斌．中小学教师职称制度改革特征与现状分析［J］．教师教育研究，2016，28（6）：25－31.

[12] 韩小雨，庞丽娟，谢云丽．中小学教师编制标准和编制管理制度研究——基于全国及部分省区现行相关政策的分析［J］．教育发展研究，2010，30（8）：15－19.

[13] 施文龙，吴志宏．中学教师的需要现状和中学管理的激励策略研究［J］．教育理论与实践，2001（2）：17－21，27.

[14] 李镇西．“严格管理，一定要‘刷脸考勤’?”——如此“精细化管理”适合学校吗（下）［J］．河南教育（教师教育），2021（10）：4－5.

[15] 李金初．一个校长的教育创新思考：北京十一学校改革发展20年：1987—2007［M］．北京：教育科学出版社，2012.

[16] 岳春峰．名校校园文化构建力［M］．重庆：西南师范大学出版社，2009.

[17] 王贤灿．统筹兼顾 优化结构 以信息化促进集团化学校协调发展［J］．中国教育信息化：基础教育，2010（2）：84－86.

[18] 董艳，李玉顺，王珏，等．中小学数字化校园建设现状及未来发展——全国中小学数字化校园学术交流会（NCDS—K12）综述［J］．中国电化教育，2011（7）：26－32.

[19] 董艳，李玉顺，王珏，等．中小学数字化校园建设的评估与发展［J］．教育研究与评论：中学教育教学，2012（3）：91.

[20] 金术超．新时代背景下学校战略管理体系的构建与实施［J］．教育科学论坛，2021（28）：67 -70.